학생·직장인·일반인을 위한

천자문 따라배우기

편집부 펴냄

매일출판

이 책을 펴내면서

　천자문은 중국 양나라 때 주흥사(周興嗣)가 무제의 명을 받아 저술한 것이라고 전해진다.
　사언고시(四言古詩)로 구성해서 모두 250구 1,000자로 되어 있는데, 천지현황(天地玄黃)으로 시작하여 언재호야(焉哉乎也)로 끝맺는다.
　이 천자문은 주흥사가 단 하루만에 만들어서 편철까지 마치고 보니 그의 머리가 백발이 되었다고 하여 일명 백수문(白首文)이라고 후대에 전해오고 있다.
　이 천자문의 구절구절은 곧 명시이며 중국의 심오한 철학·진리·역사가 함축되어 있어 익힐수록 그 깊은 뜻에 숙연하지 않을 수 없다.
　이것을 조선시대 선조 11년 당시 명필인 한 석봉으로 하여금 써서 펴낸 것이 오늘까지 내려온 한석봉 천자문이다.
　당시 천자문은 학동들의 기초적인 교과서로 그 역할을 다 했다고 할 수 있으며, 교육에 큰 공헌을 했다고 할 수 있다.
　이 책은 해서체로 쉽게 학습할 수 있게 꾸몄고 오늘날에 맞게끔 의역하여 그림과 함께 풀이하였다.
　부디 이 책으로 한자(漢字)를 배워 익히고자 하는 사람들에게 조금이나마 보탬이 되기를 바란다.

가렴주구 ➡ 세금을 사정없이 거두어 들임

天 하늘 천	뜻 하늘 음 천 쓰는순서 一 二 チ 天	하늘 높은 줄 모르고 
地 따 지	뜻 땅 음 지 쓰는순서 一 十 土 北 坩 地	땅값 집값이 오르니 어쩐다… 
玄 검을 현	뜻 검다 음 현 쓰는순서 丶 一 亠 玄 玄	옛날에 살던집을 내려다 보니 새까맣구나… 
黃 누루 황	뜻 누렇다 음 황 쓰는순서 一 卄 甘 苗 苗 黃 黃	풍년이 들어 황금 벌판이네… 

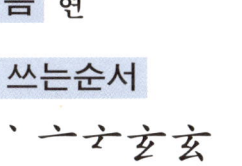

천지현황 하늘은 위에 있어 그 빛은 검고 땅은 아래에 있어 그 빛이 누렇다.

각골난망 ➜ 받은 은혜를 가슴깊이 새기어 잊지 않음

宇
뜻 집·하늘·천지
음 우
쓰는순서 丶丶宀宀宇宇

집 우

지붕위에 박을 따면 보물이 나오겠지…?

宙
뜻 하늘
음 주
쓰는순서 丶丶宀宀宁宙宙

집 주

올해는 꼭 우주여행을 해야지…

洪
뜻 넓다·크다
음 홍
쓰는순서 丶氵氵汁洪洪洪

넓을 홍

꿈도 크다…

荒
뜻 거칠다
음 황
쓰는순서 丶艹艹芒芒荒

거칠 황

엄마 생각 이야말로 황당 하군요…

우주홍황 하늘과 땅 사이는 한없이 넓고 끝이없다. 세상의 넓음을 말 함.

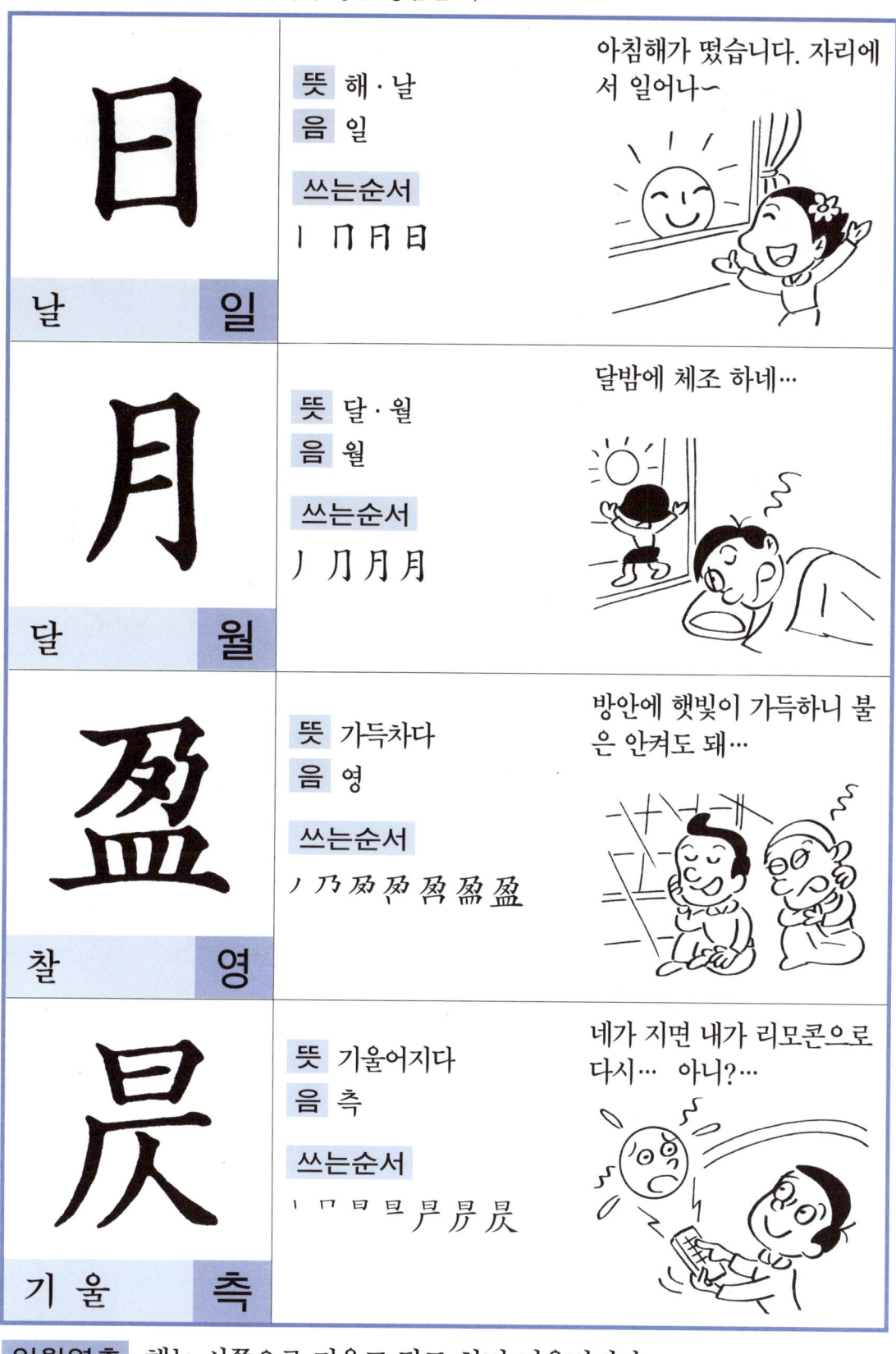

개과천선 → 과거의 잘못을 반성하고 선하게 살아감

辰
날 신 별 진

- 뜻: 별·나다
- 음: 진·신
- 쓰는순서: 一 厂 厂 F 辰 辰 辰

저 많은 별 중에 나의 별은 어디 있을까?

宿
별 수 잘 숙

- 뜻: 자리·묵다
- 음: 숙·수
- 쓰는순서: 丶 宀 宀 宀 宿 宿

숙제했으면 이제 그만 자거라… 네…

列
벌릴 렬

- 뜻: 벌리다·줄
- 음: 렬
- 쓰는순서: 一 丅 歹 列 列

이불을 걷어 차고 다리를 벌리고 자네…

張
베풀 장

- 뜻: 베풀다·늘이다
- 음: 장
- 쓰는순서: 一 弓 引 張 張 張

배 내 놓고 자면 감기들을라…

신수열장(진숙열장) 별들은 제자리가 있어 하늘에 넓게 벌려져 있다.

거두절미 ➡ 쓸데없는 즉, 머리 꼬리는 자르고 본론만 말함

寒	뜻 차다·떨다 음 한 쓰는순서 丶丶宀宲実実寒	추운 겨울이 되니
찰 　　　　한		

來	뜻 오다·다가오다 음 래 쓰는순서 一厂厂厂來來來	방학이 돼어 조카들이 오는군…
올 　　　　래		

暑	뜻 덥다·더워 음 서 쓰는순서 丨冂日旦昱昰暑	여름에 더울 때도 와서
더울 　　　서		

往	뜻 가다·옛적 음 왕 쓰는순서 丿彳彳彳彳彳往往	참외, 수박 먹고 놀다가 갔지…
갈 　　　　왕		

한래서왕 찬 것이 오면 더운것이 가는 것과 같이 사계절의 바뀜을 말함. 추위가 오면 더위는 물러 간다.

건곤일척 ➡ 한판 승부로서 운명이 걸려있다.

| 秋
 가을 　추 | 뜻 가을·때
 음 추
 쓰는순서
 ノ 二 千 禾 禾 秒 秋 | 가을이 되니  |

| 收
 거둘 　수 | 뜻 거두다·잡다
 음 수
 쓰는순서
 ｜ ㅣ ㅐ ㅐ 收 收 | 들판에 익은 오곡을 거두어 들이는구나… |

| 冬
 겨울 　동 | 뜻 겨울
 음 동
 쓰는순서
 ノ ク 夂 冬 冬 | 겨울 동안 먹을 양식으로  |

| 藏
 감출 　장 | 뜻 갈무리하다·광
 음 장
 쓰는순서
 艹 艹 莊 莊 藏 藏 | 저장을 한다. 그렇다고 쌀을 다 감추지는 마쇼…  |

추수동장 가을에는 곡식을 거두고 겨울이 오면 감추어 둔다.

결초보은 ➡ 죽어서도 입은 은혜는 갚는다.

閏
윤달 윤

뜻 윤달
음 윤
쓰는순서
丨 ㄇ ㄇ' 門 閂 閏 閏

올해는 윤달이 있어서

餘
남을 여

뜻 나머지
음 여
쓰는순서
丿 ㄣ 今 刍 刍 飠 餘

한 달 동안 먹고 자도 돼…

成
이룰 성

뜻 이루다 · 되다
음 성
쓰는순서
丿 厂 厂 成 成 成

그래 가지고 언제 성공을 하니…?

歲
해 세

뜻 해 · 세월
음 세
쓰는순서
⺊ 止 产 产 歲 歲 歲

세월은 너를 기다리지 않는다…

윤여성세 일년 이십사절기 나머지 시각을 모아 윤달로 해를 정했다.

고문진보 ➡ 고지식하고 융통성이 없음

律 법측 률	뜻 법·음률 음 률 쓰는순서 ⼃ ⼂ ⼃ ⾏ 律 律 律
呂 법측 려	뜻 음률·법 음 려 쓰는순서 丨 冂 口 吕 吕 呂 呂
調 고를 조	뜻 고르다·가리다 음 조 쓰는순서 ⼂ ⼀ ⾔ 訂 訊 調 調
陽 볕 양	뜻 볕·음양의 양 음 양 쓰는순서 ⼂ ⻖ 阝 阝 阝 陽 陽

율여조양 천지간의 음과 양을 고르게 하니 률은 양이고 려는 음이다.

고량진미 ➜ 기름지고 맛있는 음식

雲
뜻 구름
음 운
쓰는순서
一 二 somewhere 雨 雲 雲 雲

구름 운

구름이 닿는 봉우리에

騰
뜻 오르다
음 등
쓰는순서
月 𦣝 𦣝 朕 騰 騰 騰

오를 등

오르려고 길을 떠났으나

致
뜻 이루다 · 다하다
음 치
쓰는순서
一 エ ェ 至 到 致 致

이룰 치

수증기가 증발, 비를 내리게 하는 이치…

雨
뜻 비
음 우
쓰는순서
一 丆 币 雨 雨 雨 雨

비 우

그럴 줄 알고 내가 우산을 갖어왔지…

운등치우 수증기가 올라가서 구름이 되고 냉기를 만나 비가 된다.

고립무의 ➡ 의지할데 없이 외롭다.

露 이슬 로	뜻 이슬·드러나다 음 로 쓰는순서 一 币 雨 雷 零 露 露	아침 이슬이 반짝일 때 
結 맺을 결	뜻 맺음·마침 음 결 쓰는순서 ㄠ 幺 糸 糸一 糸十 結 結	우리는 언약을 맺었지… 
爲 할 위	뜻 하다·되다 음 위 쓰는순서 ノ 宀 宀 爫 爲 爲 爲	다시 만나는 그날을 위하여 
霜 서리 상	뜻 서리 음 상 쓰는순서 一 币 雨 雷 霏 霜 霜	그리고 서리가 내리는 가을에 떠났지… 

로결위상 이슬이 맺혀 서리가 된다.

고진감래 ➡ 고생을 이겨내면 즐거움이 온다.

金

뜻 금·돈
음 금·김
쓰는순서
ノ 人 ㅅ 仐 仐 余 金

성 김 쇠 금

금강산에 올라

生

뜻 낳다·살다
음 생
쓰는순서
ノ ㅏ ㅑ 生 生

낳을 생

생수를 한잔 마셔보니

하-
좋다!

麗

뜻 곱다·빛나다
음 려
쓰는순서
一 币 丽 严 严 麗 麗

빛 날 려

우리나라는 화려한 강산이야…

水

뜻 물
음 수
쓰는순서
亅 亅 水 水

물 수

물맛 또한 일품 이로다…

금생려수 금은 여수에서 나니 여수는 중국의 지명이다.

곡학아세 ➔ 학문을 사악하게 하여 아첨을 일 삼는다.

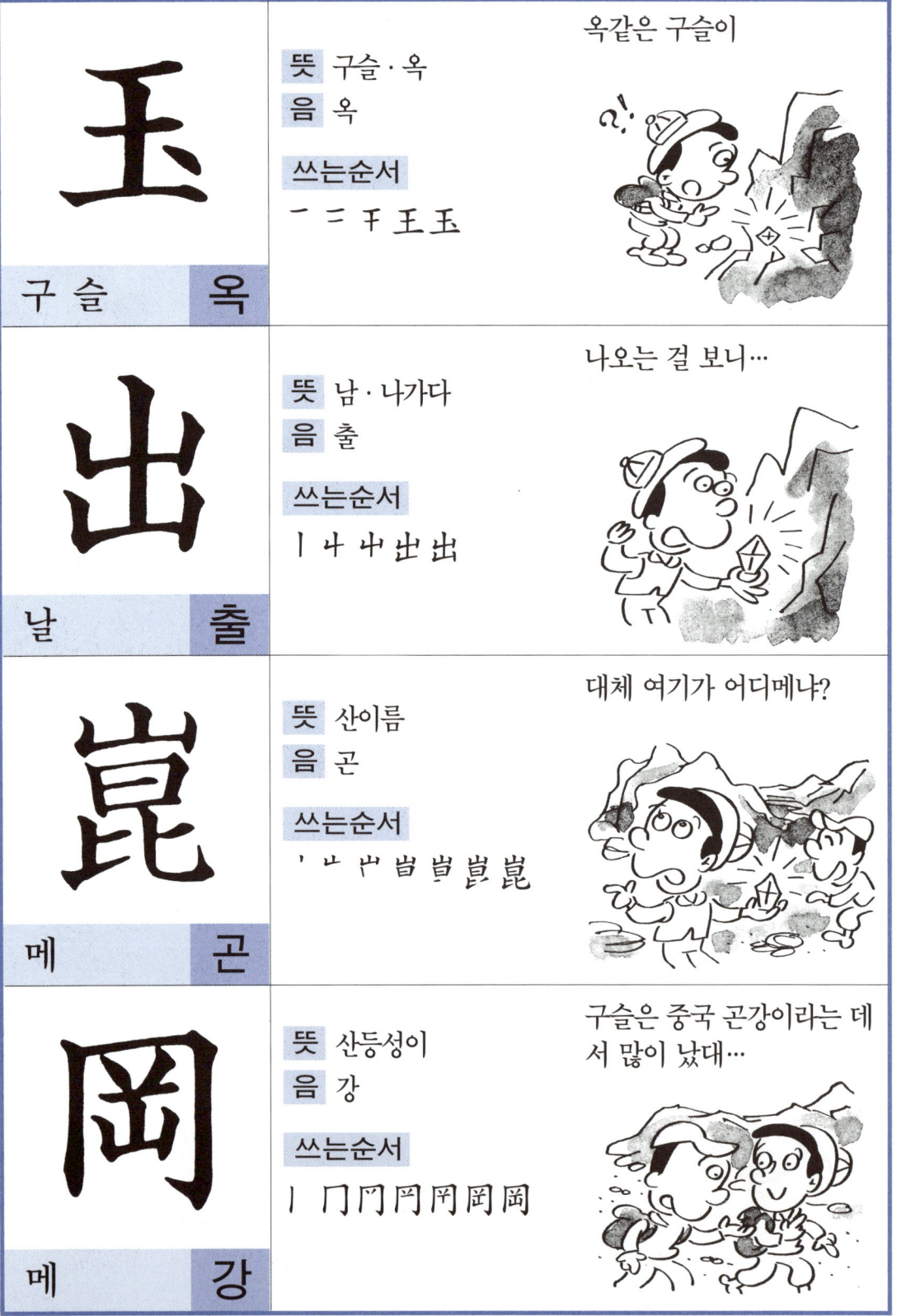

玉 구슬 옥	뜻 구슬·옥 음 옥 쓰는순서 一 二 干 王 玉	옥같은 구슬이
出 날 출	뜻 남·나가다 음 출 쓰는순서 丨 屮 屮 出 出	나오는 걸 보니…
崑 메 곤	뜻 산이름 음 곤 쓰는순서 ' 屮 屮 屵 屵 崑 崑	대체 여기가 어디메냐?
岡 메 강	뜻 산등성이 음 강 쓰는순서 丨 冂 冂 冈 冈 岡 岡	구슬은 중국 곤강이라는 데 서 많이 났대…

옥출곤강 옥은 곤강에서 나며 곤강은 중국의 산 이름이다.

골육상쟁 ➡ 같은 혈육끼리 싸운다.

劍 칼 검	뜻 칼 음 검 쓰는순서 丿 人 乂 佥 佥 劍 劍 劍	이 칼을 가지고 뭘했어?
號 이름 호	뜻 이름·부르다 음 호 쓰는순서 口 口 号 号' 虍 號 號	칼들고 호령 하면서
巨 클 거	뜻 크다 음 거 쓰는순서 一 厂 戶 巨	거창한 꿈을 가지고 시작했는데…
闕 집 궐	뜻 집·대궐 음 궐 쓰는순서 門 門 門 閈 閈 闕 闕	결국 큰집(형무소)으로 가게 되다니…!

검호거궐 거궐은 칼의 이름이며 구야자가 지은 보검으로 조나라 국보다.

골육지친 ➡ 부모 형제와 같은 혈육

珠
구슬 / 주

뜻 구슬·진주
음 주
쓰는순서
一 T F F' 珏 珠 珠

여학생 옷깃에 달린 구슬이

稱
일컬을 / 칭

뜻 일컫다·부르다
음 칭
쓰는순서
一 千 禾 秆 秆 稱 稱

아무리 예쁘다고들 하지만

夜
밤 / 야

뜻 밤
음 야
쓰는순서
一 亠 疒 夜 夜 夜

밤늦게 불빛 아래서
공부하는

光
빛 / 광

뜻 빛·경치
음 광
쓰는순서
丶 丨 丬 业 光 光

그 마음씨가 더 빛난다…

주칭야광 구슬의 빛이 낮과 같아 야광이라고 하였다.

공산명월 → 아무것도 없는 빈 산에 비친달

果	뜻 과일·결과	과수원에 갔더니
과실 과	음 과 쓰는순서 丨 冂 日 旦 甲 果 果	

珍	뜻 보배·진기하다	진풍경이 벌어졌다.
보배 진	음 진 쓰는순서 二 𤣩 𤣩 玔 珍 珍 珍	

李	뜻 오얏	이씨가 부자가 되었는데…
성 이 오얏 리	음 리 쓰는순서 一 十 才 木 李 李 李	

柰	뜻 능금	무엇으로 능금을 재배해서…
벗 내	음 내 쓰는순서 一 十 木 朩 李 柰 柰	

과진이내 과실 중에서는 오얏과 벗의 진미가 으뜸이다.

공수래공수거 ➡ 빈손으로 왔다 빈손으로 간다.

菜	뜻 나물 음 채 쓰는순서 一 艹 艹 艹 艹 荦 菜	밥상을 보니 반찬이 채소 뿐이군…
나물 채		

重	뜻 무겁다·중요하다 음 중 쓰는순서 一 二 亠 冇 冇 亘 重 重	야채를 먹어서 체중을 조절해야 하느니라…
무거울 중		

芥	뜻 겨자·티끌 음 개 쓰는순서 一 艹 艹 艹 苂 芥 芥	울며 겨자를 먹느니
겨자 개		

薑	뜻 생강 음 강 쓰는순서 艹 艹 苎 苦 薑 薑 薑	차라리 생강을 먹겠어요…
생강 강		

채중개강 채소 중에는 겨자와 생강이 가장 중요하다.

과대망상 ➡ 실제보다 훨씬 크게 생각함

海 바다 해	뜻 바다 음 해 쓰는순서 亠氵汁海海海	바다에서 난 생선은 

鹹 짤 함	뜻 짜다 음 함 쓰는순서 丆西酉酉酉鹹鹹	좀 짭짤하고 

河 물 하	뜻 강·내 음 하 쓰는순서 氵氵汀汀河河	물에서 잡은 고기는 

淡 맑을 담	뜻 맑다·싱겁다 음 담 쓰는순서 氵氵氵汁淡淡淡	좀 싱겁고 담백하지… 

해함하담 바닷물은 짜고 민물은 맛은 없으나 맑다.

괄목상대 ➡ 눈을 깨끗이 씻고 똑바로 본다.

鱗	뜻 비늘 음 린 쓰는순서 夕 刍 刍 魚 魚 魚 魚 鱗 鱗	물이 더러우면 비늘에 막이 파괴되어 
비늘 린		
潛	뜻 잠기다·숨기다 음 잠 쓰는순서 氵 氵 氵 洌 潛 潛 潛	물속에 잠기어 살 수 없다는 데 
잠길 잠		
羽	뜻 깃·날개 음 우 쓰는순서 丁 丁 彐 羽 羽 羽	엣다 날개를 줄테니 
깃 우		
翔	뜻 날다 음 상 쓰는순서 丷 彐 羊 弟 翔 翔 翔	입고 너도 하늘로 날아 다녀봐라… 
날개 상		

인잠우상 비늘이 있는 고기들은 물속에 잠기고, 날개있는 새들은 공중을 난다.

구사일생 ➡ 죽을 고비를 넘기고 살아남

龍

뜻 용
음 용·룡
쓰는순서
亠 产 盲 肯 背 龍 龍

용(룡)

용을 타고 내려오신 도사님을

師

뜻 선생·스승
음 사
쓰는순서
丿 卩 自 自 師 師 師

스승 사

스승으로 모시고 공부하여

火

뜻 불·더움
음 화
쓰는순서
丶 丶 ⺍ 火

불 화

궁궐을 화마로 부터 방지하고

帝

뜻 왕·임금·황제
음 제
쓰는순서
亠 亠 产 产 帝 帝

임금 제

돌아 왔습니다. 상감마마...

용(룡)사화제 용스승 불임금이라 함은 복회씨는 용으로 벼슬을 기록하고 황제씨는 불로 벼슬을 기록하였다.

구화지문 ➜ 말하는 입으로 재앙을 불러들임

鳥	뜻 새 음 조 쓰는순서 丿 丨 冂 冋 皀 鳥 鳥 鳥	새를 잘 그려서
새 　 조		

官	뜻 벼슬·관직 음 관 쓰는순서 丶 丶 宀 宀 宁 宫 官 官	벼슬을 얻게된
벼슬 　 관		

人	뜻 사람·인간 음 인 쓰는순서 丿 人	사람을 어느날 임금님이 부르더니
사 람 　 인		

皇	뜻 임금·왕 음 황 쓰는순서 丿 冂 白 白 自 皁 皇 皇	저 새를 한 번 떨어뜨려보게… 하고 왕은 말했다.
임 금 　 황		

조관인황 소호는 새로써 벼슬을 기록하고 황제는 인문을 갖추었으므로 인황이라 하였다.

군계일학 ➡ 유일하게 혼자 뛰어나다.

始 비로소 시	뜻 처음·비로소 음 시 쓰는순서 く 幺 女 女 女 始 始	새를 보고 새조(鳥)자를 시작하였나니… 
制 지을 제	뜻 지음·억제함 음 제 쓰는순서 ノ 亠 스 스 朱 朱 制 制	야 나도 한 자 지을라고 하는데 왜 가냐? 
文 글월 문	뜻 글월·문서 음 문 쓰는순서 丶 亠 ナ 文	사람이란 글을 배워야… 
字 글자 자	뜻 글자· 음 자 쓰는순서 丶 宀 宁 字 字	그럼 영어에 S자는 뱀을 보고 만들었나… 

시제문자 복희씨는 창힐을 시켜 새 발자취를 보고 처음 글자를 만들었다.

궁여지책 ➡ 궁한 상태에서 내놓은 것

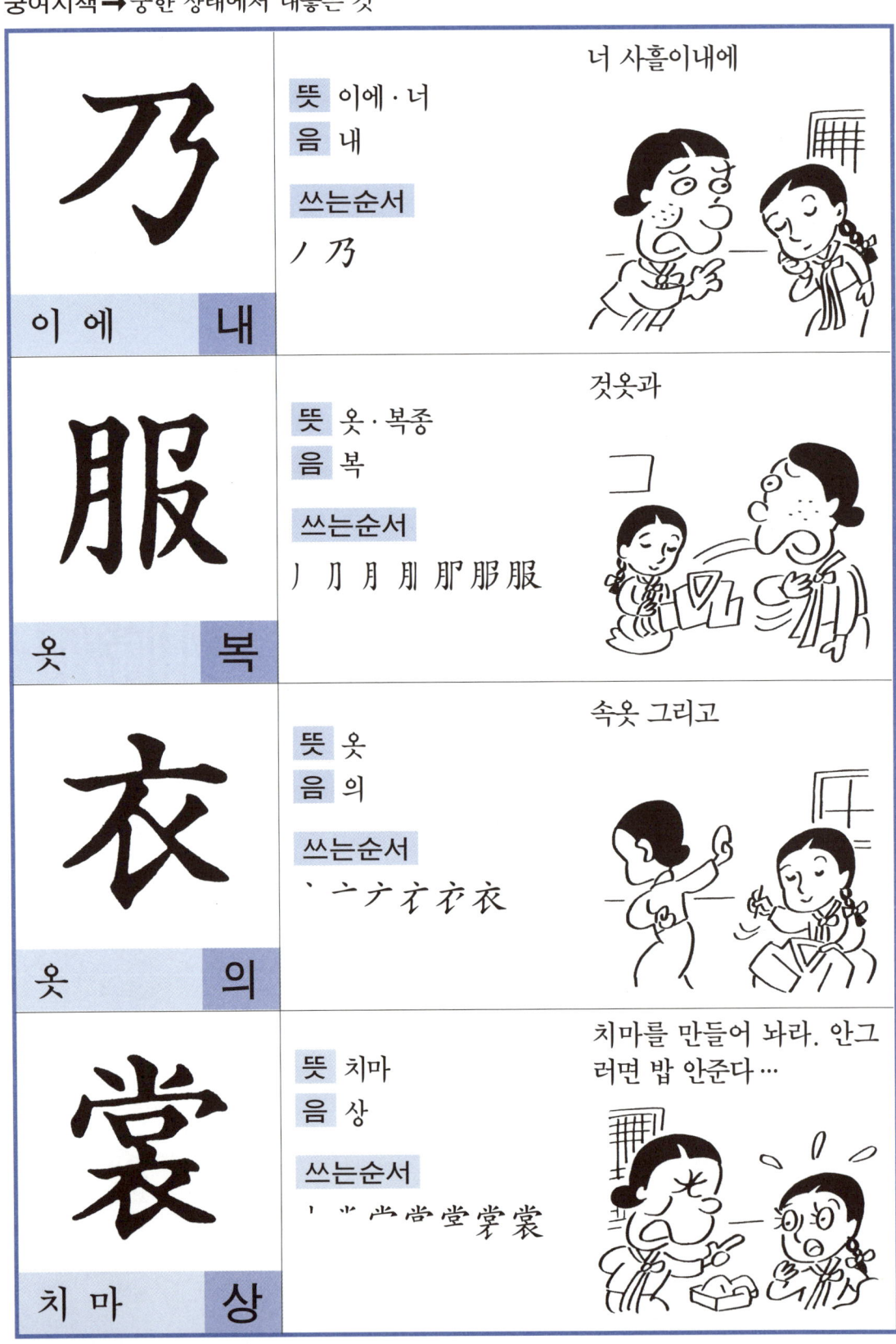

乃	뜻 이에·너 음 내 쓰는순서 丿 乃	너 사흘이내에
이에 / 내		

服	뜻 옷·복종 음 복 쓰는순서 丿 刀 月 月 肌 服 服	것옷과
옷 / 복		

衣	뜻 옷 음 의 쓰는순서 丶 亠 ナ 亣 衣 衣	속옷 그리고
옷 / 의		

裳	뜻 치마 음 상 쓰는순서 丨 ㄨ 兴 尚 尚 堂 堂 裳	치마를 만들어 봐라. 안그러면 밥 안준다…
치마 / 상		

내복의상 황제때에 호조라는 사람이 처음으로 의복을 만들어 등분을 분별하였다.

권선징악 ➡ 선한 일은 권장하고 악한 일에 벌을 준다.

밀 추

- 뜻 밀다·헤아리다
- 음 추
- 쓰는순서
  一 扌 扌 扩 扩 拃 推 推

추리소설 대본이

자리 위

- 뜻 자리
- 음 위
- 쓰는순서
  丿 亻 亻 亻 亻 位 位

상위권에 속합니다…

讓
사양 양

- 뜻 사양하다
- 음 양
- 쓰는순서
  亠 言 言 訁 謙 譲 讓

이 점포를 저한테 양도 하시죠…

나라 국

- 뜻 나라
- 음 국
- 쓰는순서
  丨 冂 冂 同 國 國 國

그것이 애국하는 길입니다 …

추위양국 벼슬을 미루고 나라를 사양하니 제요가 제순에게 전위하였다.

권토중래 ➡ 흙먼지를 날리면서 다시온다.

有 있을 유	뜻 있다 · 가지다 음 유 쓰는순서 ノ ナ オ 有 有 有	엄연히 조국이 있으면서
虞 나라 우	뜻 우나라 · 염려하다 음 우 쓰는순서 ' ㅏ 庐 唐 虐 虘 虞	어찌 나라를 염려하지 않으리오 …
陶 질그릇 도	뜻 질그릇 음 도 쓰는순서 阝 阝 阡 陶 陶 陶	국보급 도자기를
唐 당나라 당	뜻 당나라 음 당 쓰는순서 广 庁 庁 唐 唐 唐	당나라에 내다팔순 없지요 …

유우도당 유우는 제순이요 도당은 제요이니 즉, 중국의 고대 제왕이다.

금상첨화 ➜ 기쁜일에 더 기쁜일이 있다.

弔 조상 조	뜻 조상하다 음 조 쓰는순서 ㇉ ㇆ 弓 弔	상처입은 너에게 조의를 표한다…
民 백성 민	뜻 백성 음 민 쓰는순서 ㇉ ㇆ 尸 尸 民	어느 양심없는 백성이
伐 칠 벌	뜻 치다·베다 음 벌 쓰는순서 ノ イ 亻 代 伐 伐	너를 이렇게 베었구나…
罪 허물 죄	뜻 허물·죄 음 죄 쓰는순서 罒 罒 罕 罪 罪 罪 罪	내가 그 사람을 그 죄로 이렇게 묶어 놓았다…

조민벌죄 불쌍한 백성은 돕고 죄지은 백성은 벌을 내렸다.

금의환양 ➜ 입신 출세하여 고향에 돌아감

周

뜻 둘레
음 주

쓰는순서
丿 刀 刀 冃 冃 周 周 周

두루 주

연못 주변에

發

뜻 피어나다 · 떠나다
음 발

쓰는순서
フ ヌ ヌ' 癶 癶 發 發 發

필 발

꽃이 피니

殷

뜻 은나라
음 은

쓰는순서
丿 户 户 身 舟' 舟' 殷 殷

나라 은

은나라

湯

뜻 끓다
음 탕

쓰는순서
丶 氵 氵 沪 沪 涓 涓 湯

끓을 탕

나라 재산을 탕진하는구나… 안되지 그럼…

주발은탕 주발은 무왕의 이름이고, 은탕은 탕왕의 칭호이다.

금지옥엽 ➜ 임금의 자손이나 귀한 자손

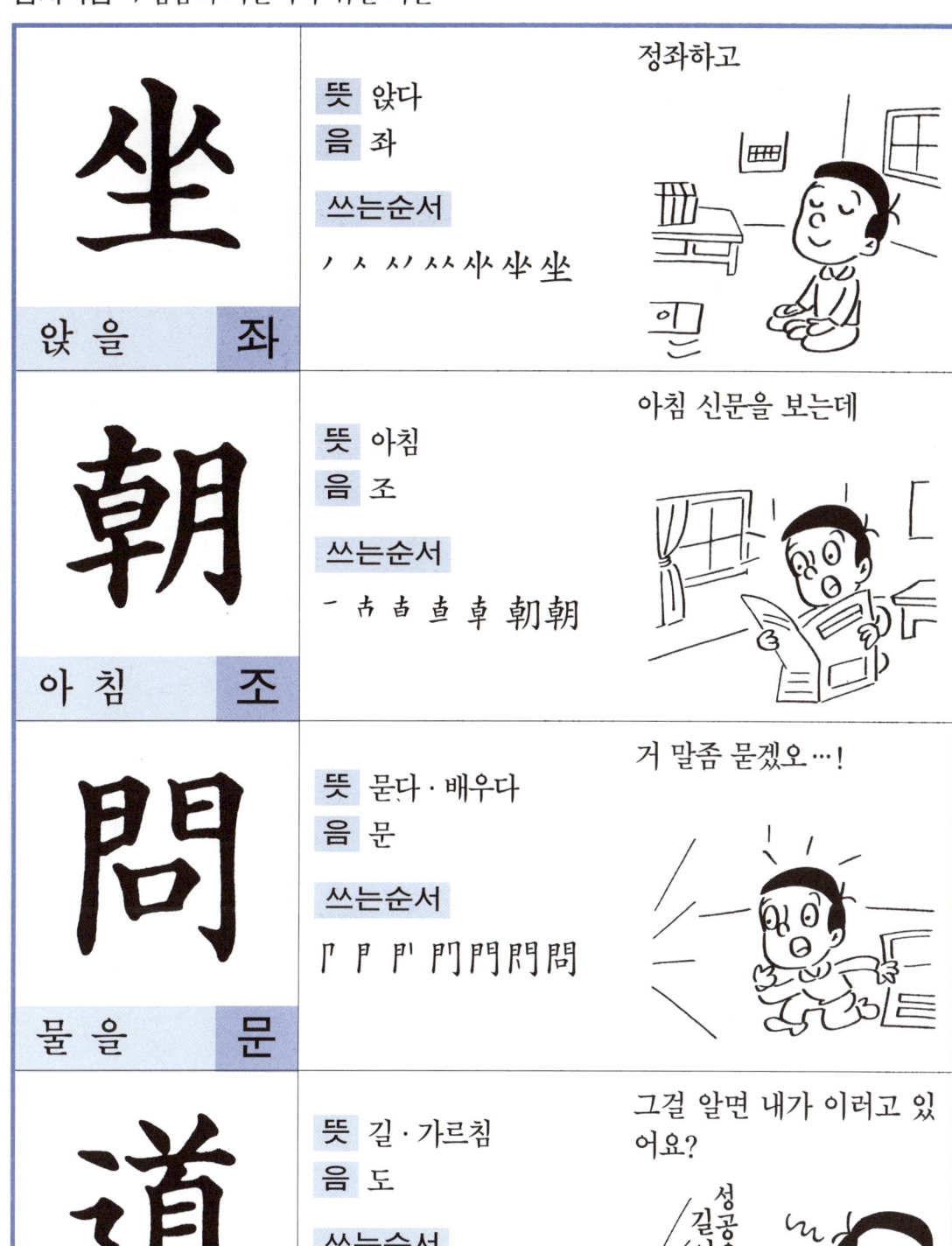

좌조문도 좌조는 천하를 통일하고 왕위에 앉은 것이고, 문도는 나라를 다스리는 법을 말한다.

기고만장 ➡ 펄펄 날 정도로 기운을 떨치다.

垂 드리울 수	뜻 수직 음 수 쓰는순서 丿 二 千 千 乒 乒 垂 垂	우리는 몸을 수직으로 공손히 하고
拱 팔장낄 공	뜻 팔짱끼다 음 공 쓰는순서 一 扌 扌 抖 拱 拱 拱	그들은 팔짱을 끼고
平 평할 평	뜻 평평하다 음 평 쓰는순서 一 一 一 二 乒 平	평화적으로 하기 위해…
章 글 장	뜻 문장·글월 음 장 쓰는순서 丶 亠 产 产 音 音 章 章	첫장을 넘겼다…

수공평장   밝고 평화스럽게 다스리는 길을 공손히 생각함을 말한다.

기사회생 ➡ 꼭 죽을 운명 이었는데 살아 나다.

愛 사 랑　애	뜻 사랑 음 애 쓰는순서 ⺍ ⺧ ⺜ 严 愛 愛 愛 愛	진실로 사랑하고 
育 기 를　육	뜻 기르다 음 육 쓰는순서 亠 亠 圡 产 育 育	훌륭하게 길러 
黎 검 을　려	뜻 새벽·무리 음 려 쓰는순서 二 千 禾 利 叙 黎 黎	새벽에 일어나 공부를 하더니 
首 머 리　수	뜻 머리·목 음 수 쓰는순서 丷 丷 ⺧ 亣 首 首 首	수석으로 합격했다··· 

애육여수 검은 머리란 임금은 모든 백성을 사랑하고 양육함을 말한다.

남아일 언중천금 ➡ 남자 말 한 마디의 무게는 천금과 같다.

臣		
	뜻 신하·백성 음 신 쓰는순서 ｜ 丨 丆 戸 臣 臣 臣	무례한 신하 한테는
신 하 　　신		

伏		
	뜻 복종하다 음 복 쓰는순서 丿 亻 仁 什 伏 伏	차라리 왕이 굴복하면
엎드릴　　복		

戎		
	뜻 오랑캐 음 융 쓰는순서 一 二 于 式 戎 戎	오랑캐 같은 신하도
오랑캐　　융		

羌		
	뜻 오랑캐 음 강 쓰는순서 丶 丷 严 羊 羌	되려 감탄하여 왕한테 굴복한다… 죄송합니다..
오랑캐　　강		

신복융강 덕으로 나라를 다스리면 짐승같은 오랑캐들도 신하가 되어 복종한다.

남존여비 ➡ 남자는 존귀하고 여자는 비천하다.

遐 멀 하	뜻 멀다 음 하 쓰는순서 丨 尸 尸 叚 叚 遐	먼 거리던
邇 가까울 이	뜻 가깝다 음 이 쓰는순서 一 冖 爾 爾 邇	가까운 거리던
壹 한 일	뜻 하나 음 일 쓰는순서 一 十 士 吉 吉 壹 壹	뛰기는 한 걸음 부터 시작
體 몸 체	뜻 몸·몸소 음 체 쓰는순서 丨 罒 骨 骨 骨 體 體	체력 단련에는 뛰는게 최고 ...

하이일체 멀고 가까운 나라들이 왕의 덕에 감화되어 한몸이 될 수 있다.

노심초사 ➡ 몹시 속을 태우다.

率	뜻 거느리다 음 솔 쓰는순서 一 亠 玄 坯 宓 峯 率	솔직히 말해서 전철은
거느릴 솔		

賓	뜻 손님 음 빈 쓰는순서 丶 宀 宀 宊 宊 宭 賓	손님을 잘 모십니다.
손 빈		

歸	뜻 돌아가다 음 귀 쓰는순서 𠂉 自 𠂤 𠂤 𠂤ㅋ 歸 歸	돌아올때는
돌아갈 귀		

王	뜻 임금 음 왕 쓰는순서 一 ㄒ 干 王	택시를 타면 왕이된 기분이다…
임 금 왕		

솔빈귀왕 서로 이끌고 복종하여 임금에게 돌아오니 감복하다.

논공행상 ➡ 공과를 가려 이에 상을 줌.

鳴 울 명	뜻 울다·울리다 음 명 쓰는순서 丨 口 叮 吖 咱 鳴 鳴	어디서 새 우는 소리가 들려 
鳳 새 봉	뜻 봉황 새 음 봉 쓰는순서 丿 几 凡 凤 風 鳳 鳳	나가보니 나무위에서 봉황새가 
在 있을 재	뜻 있다·살다 음 재 쓰는순서 一 ナ 才 オ 存 在	울고 있더라… 이제보니 
樹 나무 수	뜻 나무·세우다 음 수 쓰는순서 一 十 木 杧 椬 樹 樹	선생님이 식수(植樹)를 하러 가시네… 

명봉재수 성현이 나타나면 봉이 운다는 말과 같이 덕망이 미치는 곳마다 나무에서 봉이 울 것이다.

능대능소 ➡ 일처리를 잘 한다.

한자	뜻/음/쓰는순서	설명
白 (흰 백)	뜻 희다 / 음 백 / 쓰는순서 ´ ㅓ ㄱ 白 白	백구가 날아서 홈런을 치니
駒 (망아지 구)	뜻 망아지 / 음 구 / 쓰는순서 ｜ ㄷ ㄷ 馬 馬 駒 駒	망아지도 즐거워 춤을 추는군…
食 (먹을 식)	뜻 밥·먹다 / 음 식 / 쓰는순서 ノ 人 今 今 食 食 食	우리 배고픈데 자장면이나 시켜다 먹자…
場 (마당 장)	뜻 마당·곳 / 음 장 / 쓰는순서 一 十 圵 坦 坦 場 場	그래서 마당은 파티장이 되었다…

백구식장 평화를 말한 것으로 즉, 망아지도 감화되어 즐겁게 마당에서 풀을 뜯는다.

다다익선 → 많으면 많을수록 더 좋다.

化 조화 화	뜻 바뀌다 음 화 쓰는순서 ノ イ 化 化	화장을 하고
被 입을 피	뜻 끼치다 음 피 쓰는순서 ｀ ｵ ｵ ｳ ｵ初 衤｢ 衤｢ 衤｢ 被 被	옷을 갈아입고
草 풀 초	뜻 풀 음 초 쓰는순서 丨 ㅛ ㅛ 世 世 苴 草	저 푸른 초원 위에서
木 나무 목	뜻 나무 음 목 쓰는순서 一 十 オ 木	목요일에 만납시다…

화피초목 덕화가 사람이나 짐승에게만 미치는 것이 아니라 풀과 나무에게도 미친다.

단도직입 → 서론은 생략하고 본론을 말한다.

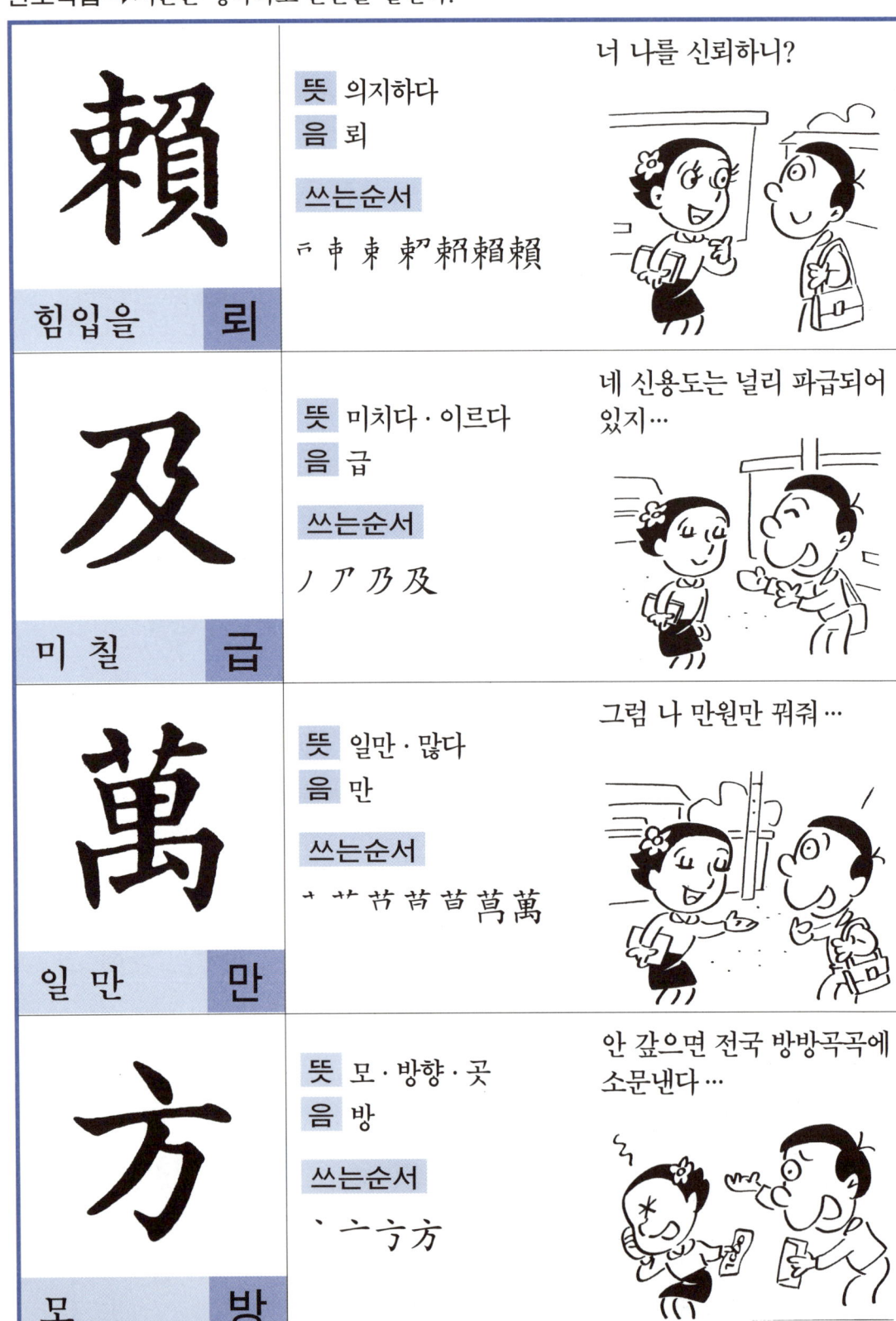

뇌급만방 만방에 어진 덕이 고르게 미치도록 한다.

대기만성 ➡ 큰 인물이 될자는 기다림이 있다.

뜻 덮다 · 대개
음 개
쓰는순서
一 十 十 艹 芢 盐 莙 蓋 蓋

덮을 개

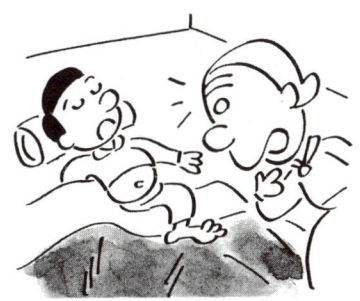

덮고 자야지…

뜻 이쪽 · 이것
음 차
쓰는순서
丨 ト ヒ 屮 此 此

이 차

이 쪽을 덮어주면 저 쪽을 걷어차네…

뜻 몸
음 신
쓰는순서
丿 亻 亻 斤 自 身 身

몸 신

그리고 몸에 때좀 봐…

뜻 털
음 발
쓰는순서
F 匚 長 镸 髟 髣 髮

터럭 발

이제보니 머리도 깎아야겠네…

개차신발 사람의 몸과 털은 부모에게서 받은 소중한 것이다.

독불장군 ➡ 혼자 잘난척 하지만 고립되어 있다.

四 넉 사	뜻 넷 음 사 쓰는순서 丨 冂 𠃍 四 四	사방을 보니
大 큰 대	뜻 크다 음 대 쓰는순서 一 ナ 大	대문이 열려있고
五 다섯 오	뜻 다섯 음 오 쓰는순서 一 丅 五 五	5월을 맞이하여
常 떳떳할 상	뜻 떳떳하다 · 항상 음 상 쓰는순서 丨 ⺌ 屵 伜 堂 常 常	상록수가 피어나는 구나

사대오상 네가지의 큰것과 다섯가지 떳떳함이 있으니 즉, 사대는 천·지·군·부요 오상은 인·의·예·지·신이다.

독서삼도 ➡ 독서는 눈으로 보고, 입으로 읽고, 마음으로 해석함

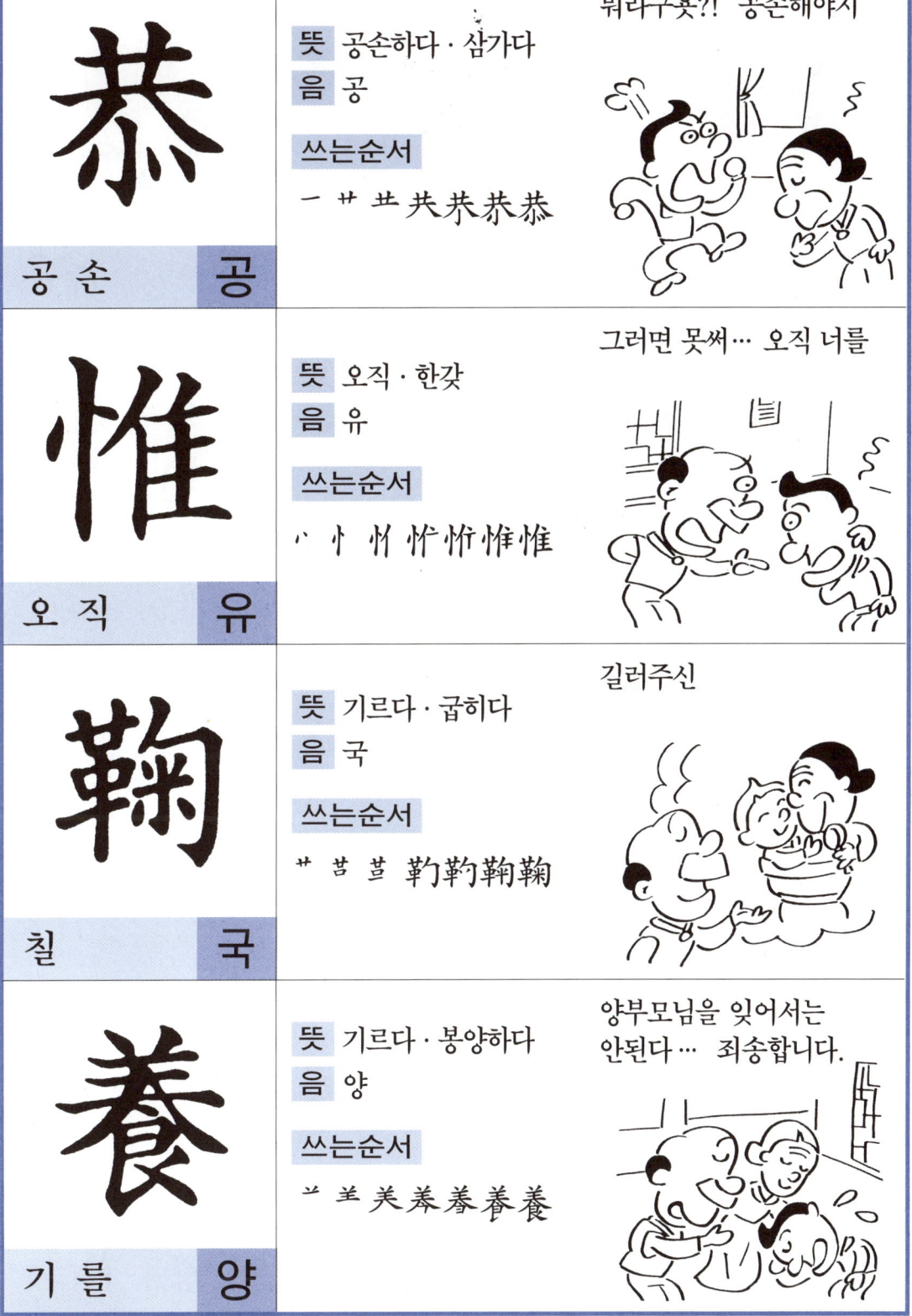

恭 공손 공	뜻 공손하다·삼가다 음 공 쓰는순서 一 卄 丼 共 恭 恭 恭
惟 오직 유	뜻 오직·한갓 음 유 쓰는순서 丶 忄 忄 忄 忄 惟 惟
鞠 칠 국	뜻 기르다·굽히다 음 국 쓰는순서 卄 甘 革 靹 靹 鞠 鞠
養 기를 양	뜻 기르다·봉양하다 음 양 쓰는순서 丷 羊 羔 养 養 養

공유국양 부모가 길러준 은혜를 공손히 생각하라.

독서상우 ➡ 책을 읽어 옛 성현과 벗이 된다.

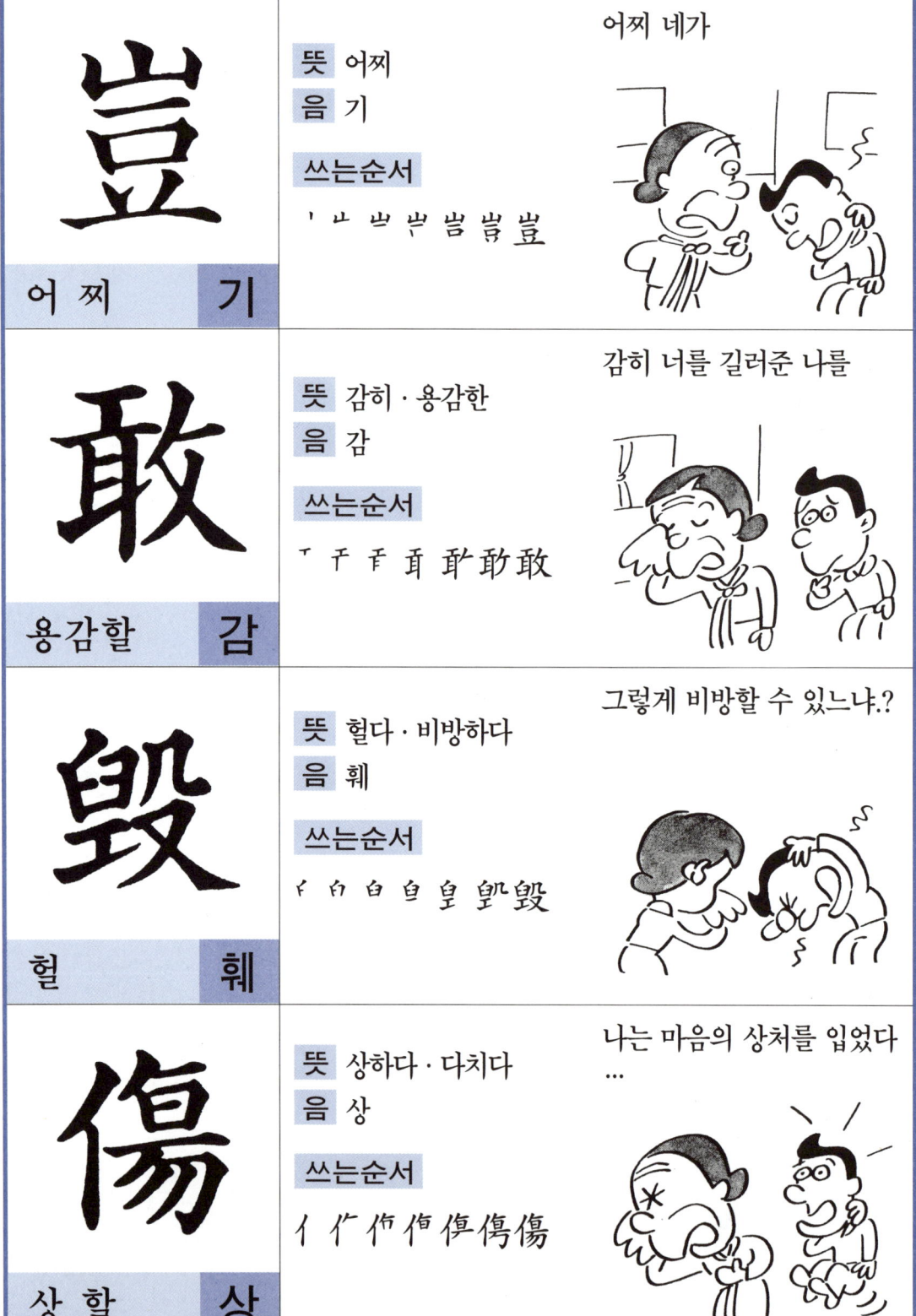

豈 (어찌 기)	뜻 어찌 / 음 기 / 쓰는순서: 一 屮 屮 豈 豈 豈
敢 (용감할 감)	뜻 감히·용감한 / 음 감 / 쓰는순서: 丁 工 丂 耳 町 敢 敢
毁 (헐 훼)	뜻 헐다·비방하다 / 음 훼 / 쓰는순서: 亻 白 白 臼 皇 毁 毁
傷 (상할 상)	뜻 상하다·다치다 / 음 상 / 쓰는순서: 亻 亻 佧 佢 但 傷 傷

기감훼상 부모님께서 낳아준 이몸을 어찌 감히 더럽히거나 상하게 할 수 있으리요.

동가식 서가숙 ➜ 먹고 잘곳이 없어 떠돌아 다님

여모정렬 여자는 정조를 굳게 지키고 행실을 단정히 하여야 한다.

동문서답 ➜ 묻는 말에 전혀 다르게 대답함.

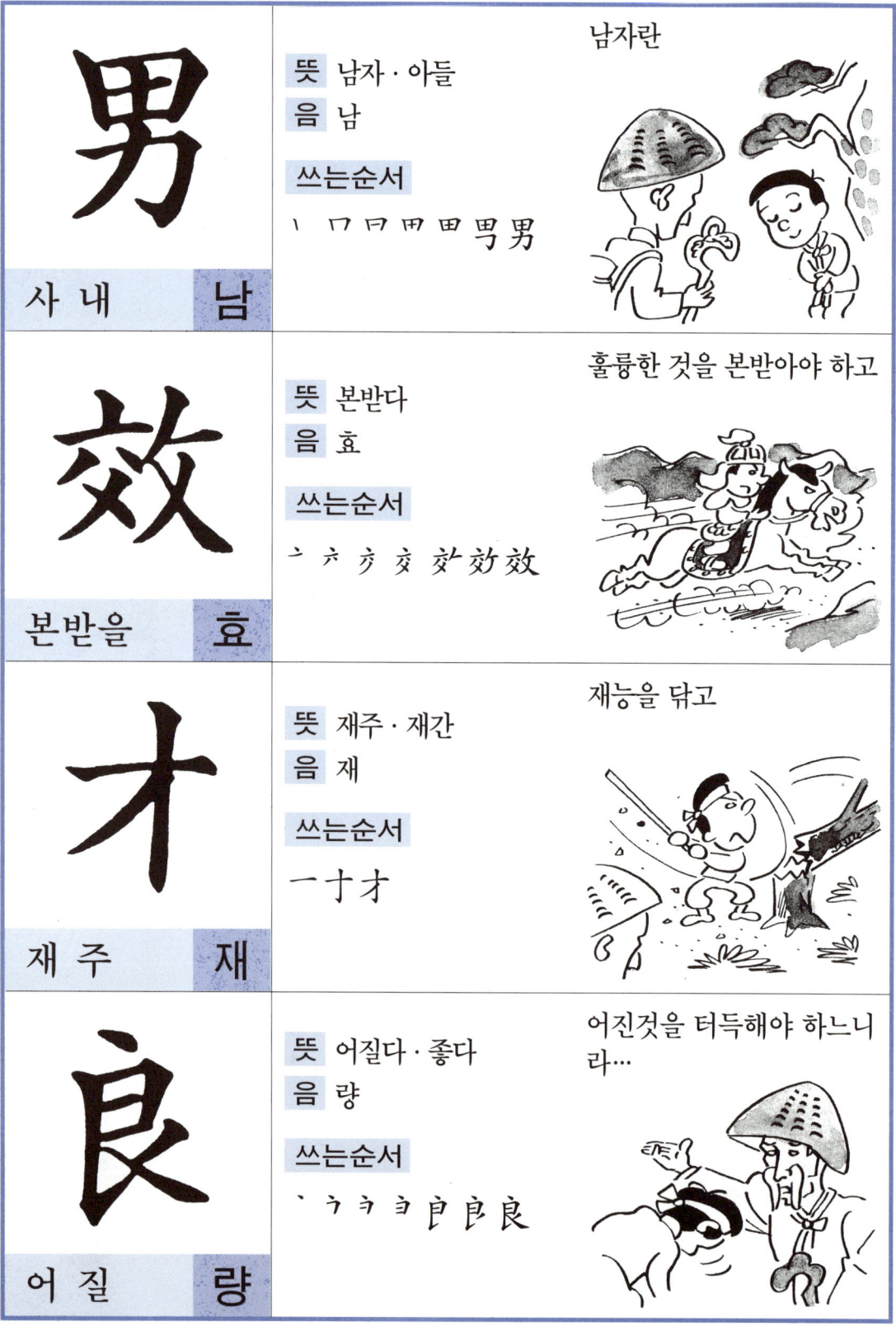

남효재량 남자는 재능을 열심히 닦고 어진 것을 본받아야 한다.

동병상련 ➡ 똑같은 병자가 서로 동정함.

知 알 지

- **뜻** 알다 · 분별하다
- **음** 지
- **쓰는순서** ノ 匸 乒 矢 知 知 知

앗 내가 미처 선배님을 몰라보고 발을…

過 지날 과

- **뜻** 지나다 · 허물
- **음** 과
- **쓰는순서** 丨 冂 冊 咼 咼 咼 過

실수 한 걸 사과해요… 한 번만…

必 반드시 필

- **뜻** 반드시 꼭
- **음** 필
- **쓰는순서** 丶 ソ 必 必 必

앞으로 필히

改 고칠 개

- **뜻** 고치다
- **음** 개
- **쓰는순서** フ コ 己 已 改 改 改

선배님으로 모시기로 개심했소… 암 그래야지…

지과필개 사람은 누구든지 허물이 있으니 그 허물을 알면 반드시 고쳐야 한다.

동분서주 ➡ 매우 바쁘게 움직이다.

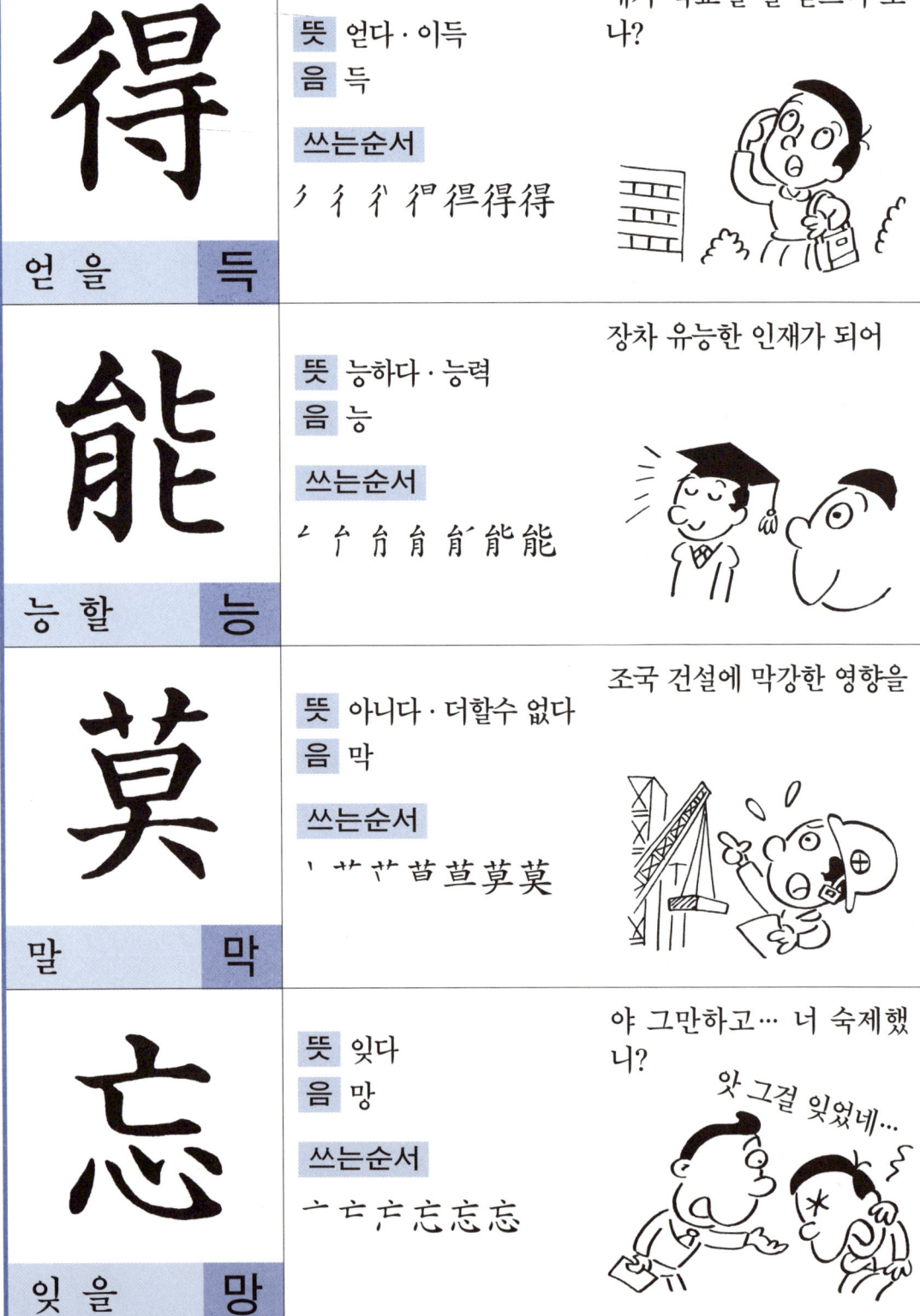

得 얻을 득	뜻 얻다·이득 음 득 쓰는순서 丿 彳 彳 彳 侣 得 得 得	내가 학교엘 뭘 얻으러 오나?
能 능할 능	뜻 능하다·능력 음 능 쓰는순서 ㄥ ㅅ 允 育 育 能 能	장차 유능한 인재가 되어
莫 말 막	뜻 아니다·더할수 없다 음 막 쓰는순서 丨 艹 艹 昔 茞 莫 莫	조국 건설에 막강한 영향을
忘 잊을 망	뜻 잊다 음 망 쓰는순서 亠 亡 亡 忘 忘 忘	야 그만하고… 너 숙제했니? 앗 그걸 잊었네…

득능막망 사람이 꼭 알아야 할 것을 배우면 잊지 말아야 한다.

동상이몽 ➡ 한 자리에서 꿈은 다르게 꾼다.

罔 없을 망	뜻 없다·속이다 음 망 쓰는순서 丨 冂 冂 冈 冈 罔 罔	그런 일은 없어야지… 
談 말씀 담	뜻 말씀·이야기 음 담 쓰는순서 亠 言 言 言 談 談 談	만나면 남의 험담을 하는 일 
彼 저 피	뜻 저·저편 음 피 쓰는순서 ㄱ 彳 彳 扩 护 披 披	내가 그만 너 한테 피해를 줬구나… 
短 짧을 단	뜻 짧다·허물 음 단 쓰는순서 ㅗ 午 矢 矢 知 短 短	단시일에 형의 인기가 떨어질거요… 

망담피단 자신의 장점이나 단정함은 말하지 말고 남의 단점을 욕하지 말라.

두문불출 ➡ 방문을 걸어 잠그고 출입하지 않음.

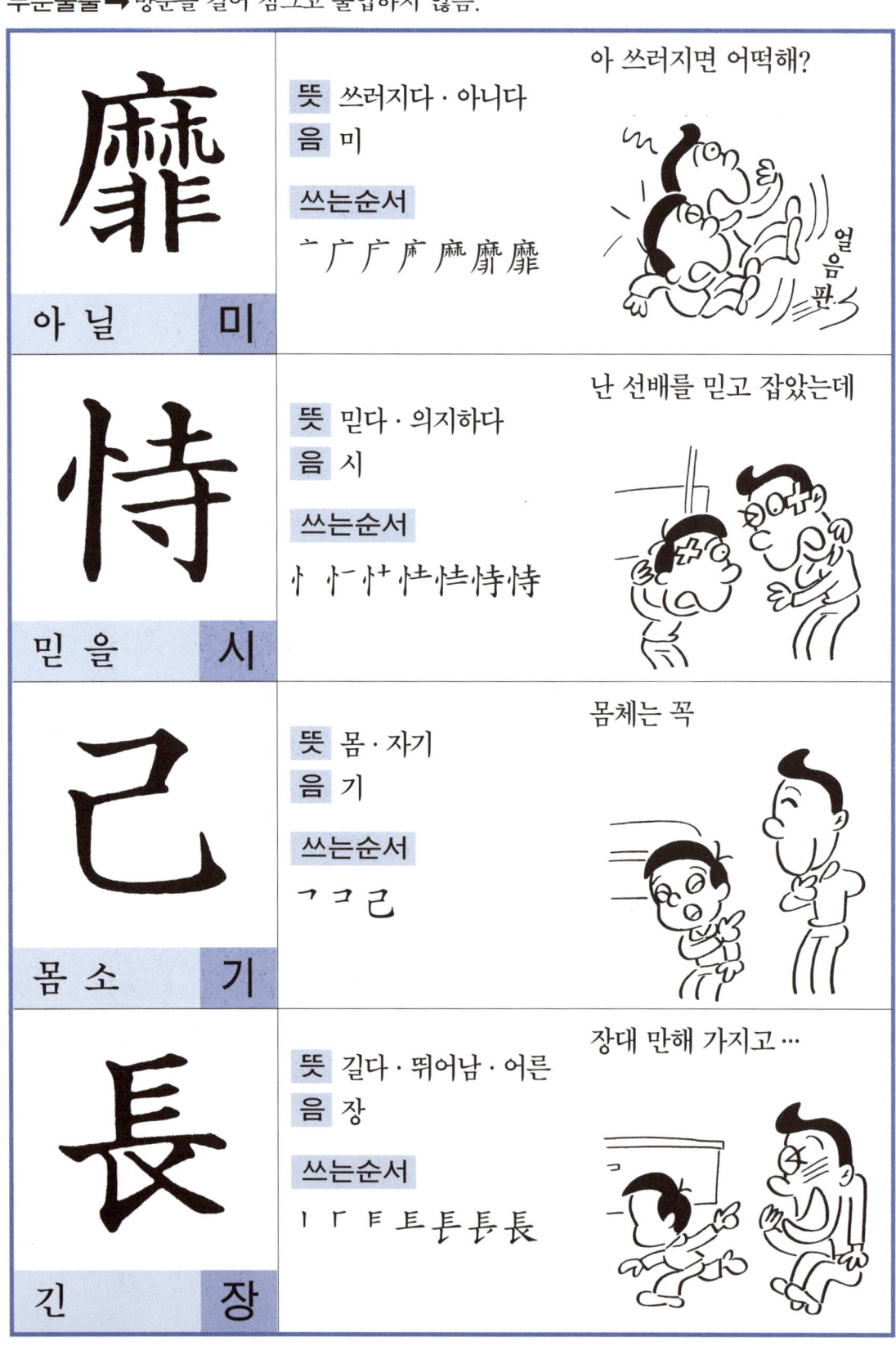

미시기장 자신의 특기를 자랑하지 않으면 더 발전할 것이다.

등용문 ➡ 출세하는 지름길, 문

信 믿을 신	뜻 믿음·소식 음 신 쓰는순서 亻 亻 亻 信 信 信 信	나는 믿습니다 … 
使 사신 사	뜻 시키다·심부름 음 사 쓰는순서 丿 亻 亻 仁 伊 使 使	장차 천사와 같은 여자 친구가 생길 거라고 … 
可 옳을 가	뜻 옳다·가히 음 가 쓰는순서 一 丁 口 口 可	그게 정말 가능할까 …? 
覆 덮을 복	뜻 다시·덮다 음 복 쓰는순서 一 襾 襾 覀 覆 覆	암 그래서 머릴 싸매고 공 부하는 중이거던 … 

신사가복 믿음은 움직일 수 없는 진리이다. 그러므로 남과의 약속은 꼭 지켜라.

등하불명 ➡ 등잔 밑이 어둡다.

器 그릇 기	뜻 그릇·재능 음 기 쓰는순서 丶 口 吅 吅 哭 器 器	그릇이 크다고 
欲 하고자할 욕	뜻 바라다·욕심 음 욕 쓰는순서 	욕심 부려서 많이 담지 마라 
難 어려울 난	뜻 어렵다·재앙 음 난 쓰는순서 廾 芇 荁 莫 勤 斳 難	배가 난파될때 
量 헤아릴 량	뜻 헤아리다·분량 음 량 쓰는순서 丶 口 므 무 昌 量 量	중량이 무거워 가라앉는다… 

기욕난양 사람의 기량은 깊고 깊어서 헤아리기 어렵다.

마이동풍 ➜ 남이 하는 말을 엿듯지 말고 흘려 보내라.

墨 먹 묵	뜻 먹 음 묵 쓰는순서 丨 冂 冃 曱 里 墨 墨	먹만 칠한거지 그게 무슨 글씨냐? 
悲 슬플 비	뜻 슬픔 음 비 쓰는순서 丿 ヲ 킈 非 非 悲 悲	기압을 받아야…! 
絲 실 사	뜻 실·줄 음 사 쓰는순서 𠃋 幺 糸 糹 絲 絲 絲	눈물이 떨어져 대나무잎처럼 되었다. 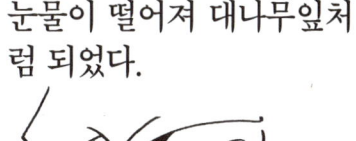
染 물들일 염	뜻 물들임 음 염 쓰는순서 丶 氵 氵 汮 氿 染 染 染	넌 글씨보다는 그림을 그려라… 

묵비사염 흰실에 검은 물감을 드리면 다시 희게 되지 못한다. 친구를 조심하라.

막상막하 ➜ 잘잘못을 가려낼 수 없다.

	뜻	글·시
詩	음	시
글 시	쓰는순서	一 十 士 言 詩 詩 詩

소인 시를 다 썼습니다.

	뜻	기리다·도우다
讚	음	찬
칭찬할 찬	쓰는순서	三 言 訁 訁 訁 訁 譜 讚

음―과연 명문이로다…

	뜻	염소
羔	음	고
염소 고	쓰는순서	丶 丷 亠 ᅭ 至 羔

상으로 이 염소를 줄까?

	뜻	양
羊	음	양
양 양	쓰는순서	丶 丷 亠 ᅭ 兰 羊

이왕이면 저 양을 주십시오

시찬고양 시전 고양편에 문왕의 덕을 입어 남국 대부의 충직함을 칭찬하다. 선과 악을 구별하라.

만장일치 ➡ 참석자 모두 의견이 하나가 됨

景 경치 경	뜻 볕·경치 음 경 쓰는순서 口 日 甲 昃 昃 景 景 景	경치좋은 금강산이나 
行 다닐 행	뜻 가다·행하다 음 행 쓰는순서 丿 彳 彳 行 行	여행할까…? 
維 오직 유	뜻 지탱하다 음 유 쓰는순서 幺 幺 糸 糸 糸 維 維	이 아름다운 강산을 오래 지탱 하려면 
賢 어질 현	뜻 어질다 음 현 쓰는순서 コ 臣 臤 臤 臤 賢 賢 賢	자연보호를 하는게 현명하지… 

경행유현 행실을 훌륭하게 하고 당당하게 행하면 어진 사람이 된다.

맹모삼천지교 ➡ 맹자 어머니가 맹자 교육을 위해 세번 이사 하였음.

	뜻 이기다 음 극 쓰는순서 一 十 古 声 克 克 剋	어떤 어려움이 있어도 극복하고
이길 극		
	뜻 생각하다 음 념 쓰는순서 丿 人 亼 今 今 念 念	어떤 잡념이 떠올라도 뿌리치고
생각 념		
	뜻 짓다·만들다 음 작 쓰는순서 丿 亻 仁 仁 作 作 作	나는 한편의 대본을 지을 것이다…
지을 작		
	뜻 성인·거룩하다 음 성 쓰는순서 丆 王 耳 耳 耵 聖 聖	성인의 삶에 대한 연극 대본을…
성인 성		

극념작성 사심을 버리고 성인의 언행을 생각하여 수양을 쌓으면 성인이 된다.

명경지수 ➡ 맑은 거울과 같이 아무 잡념 없이 맑다.

德 큰 덕	뜻 크다·은덕 음 덕 쓰는순서 ノ 彳 彳 芢 徎 德 德	고아원에 많은 것을 희사하신 선생님의 덕으로 
建 세울 건	뜻 세우다·일으키다 음 건 쓰는순서 フ ユ ヨ 클 聿 建 建	기념비를 건립하려고 합니다. 
名 이름 명	뜻 이름·사람 음 명 쓰는순서 ノ ク タ 夕 名 名	"그것은 원생 너희들이 
立 설 립	뜻 서다 음 립 쓰는순서 、 亠 艹 立 立	자립 하는데 보태써라…" 하시며 마다 하셨다. 

덕건명립 세상 모든 일을 덕으로써 행하면 자연히 이름도 널리 서게 된다.

명문이양 ➡ 자신의 이름이 알려져 이롭게 되어감

形 얼굴 형	뜻 모양·형세 음 형 쓰는순서 一 二 ㄷ 开 开 形 形	형용하기가 참 어렵군요…
端 끝 단	뜻 끝·가 음 단 쓰는순서 丶 亠 立 立 立ᅭ 端 端	저의 애가 품행이 단정치 못하고
表 겉 표	뜻 거죽·바깥 음 표 쓰는순서 一 十 圭 耒 表 表 表	성적표를 보면 낙엽이 우수수 떨어져서 죄송해요…
正 바를 정	뜻 바르다 음 정 쓰는순서 一 丅 下 正 正	그래 가지곤 바른 사람이 되기 어려워요…

형단표정 형용이 단정하고 깨끗하면 그 정직한 모습이 표면에 나타난다.

명산대천 ➡ 이름난 산과 강, 그리고 내

空

- 뜻 공간·공중
- 음 공
- 쓰는순서
  丶丷宀宀空空空

공중엔 구름 한 점 없고

빌 공

谷

- 뜻 골
- 음 곡
- 쓰는순서
  ノ𠂉グ父谷谷谷

계곡은 깊어

골 곡

傳

- 뜻 전하다·옮기다
- 음 전
- 쓰는순서
  亻イ仨伸傳傳

사람들에게 나의 위치를 전하기 위해…

전할 전

聲

- 뜻 목소리·노래
- 음 성
- 쓰는순서
  十土声声声殸殸聲

아 저쪽에서도 소리가…!

소리 성

공곡전성 성현의 말은 산골짜기에 소리가 전해지듯 멀리 퍼져 나간다.

명실상부 ➡ 이름과 실제가 똑같다.

虛 빌 허	뜻 비어있음·허비 음 허 쓰는순서 丿 ト 广 庐 虍 虛 虛	허공에서 도선생이 
堂 집 당	뜻 집·당당함 음 당 쓰는순서 丨 ⺌ 兴 兴 告 堂 堂	집 뒷 마당에 뛰어 내리니… 
習 익힐 습	뜻 배우다·습관 음 습 쓰는순서 丁 习 刁刁 羽 羽 習	
聽 들을 청	뜻 듣다 음 청 쓰는순서 厂 耳 耳 耴 聽 聽 聽	무슨 기척이 들린다. 누구 얏? 

허당습청 빈방에서의 소리가 더 잘들린다. 즉, 착한 일은 멀리에서도 응한다.

명약관화 ➡ 타는 불을 보듯 확실 하다.

禍	뜻 화·재앙 음 화 쓰는순서 一 二 ﾃ 禾 ネ 祀 祀 禍 禍	화재로 뜻밖에 화를 당하고 …
재 화 **화**		
因	뜻 까닭·말미암아 음 인 쓰는순서 丨 冂 冂 円 闵 因	그로 인하여
인 할 **인**		
惡	뜻 나쁘다·미워하다 음 악 쓰는순서 一 T 亞 亞 惡 惡	악인은 처벌을 받게 되고
모 질 **악**		
積	뜻 쌓다·거듭하다 음 적 쓰는순서 一 二 千 禾 禾 秅 秸 積 積	빚만 누적됐죠…
쌓 을 **적**		

화인악적 재앙은 악한일을 거듭하여 생겨난다. 즉, 화를 입는자는 평소에 악을 쌓은 것이다.

모순 ➡ 말과 행동이 일치되어 있지 않다.

福 복 / 복	뜻 복 음 복 쓰는순서 二 干 禾 示 祚 福 福	새해 복많이 받으세요…
緣 인연 / 연	뜻 인연·까닭 음 연 쓰는순서 幺 幺 糸 糽 紵 綠 緣	그것이 인연이 되어
善 착할 / 선	뜻 착하다·훌륭하다 음 선 쓰는순서 ㄴ ㅂ 羊 盖 盖 善 善	두 선남 선녀는 드디어
慶 경사 / 경	뜻 좋다·좋은일 음 경 쓰는순서 广 户 庐 庐 慶 慶 慶	혼인하기로… 경사났네…

복연선경 복은 착한 일에서 온다. 즉, 착한 일을 하면 경사를 얻는다. 경사스러운 일로 인해 생긴다.

목불인견 ➡ 눈으로 차마 볼 수 없을 정도로 참혹하다.

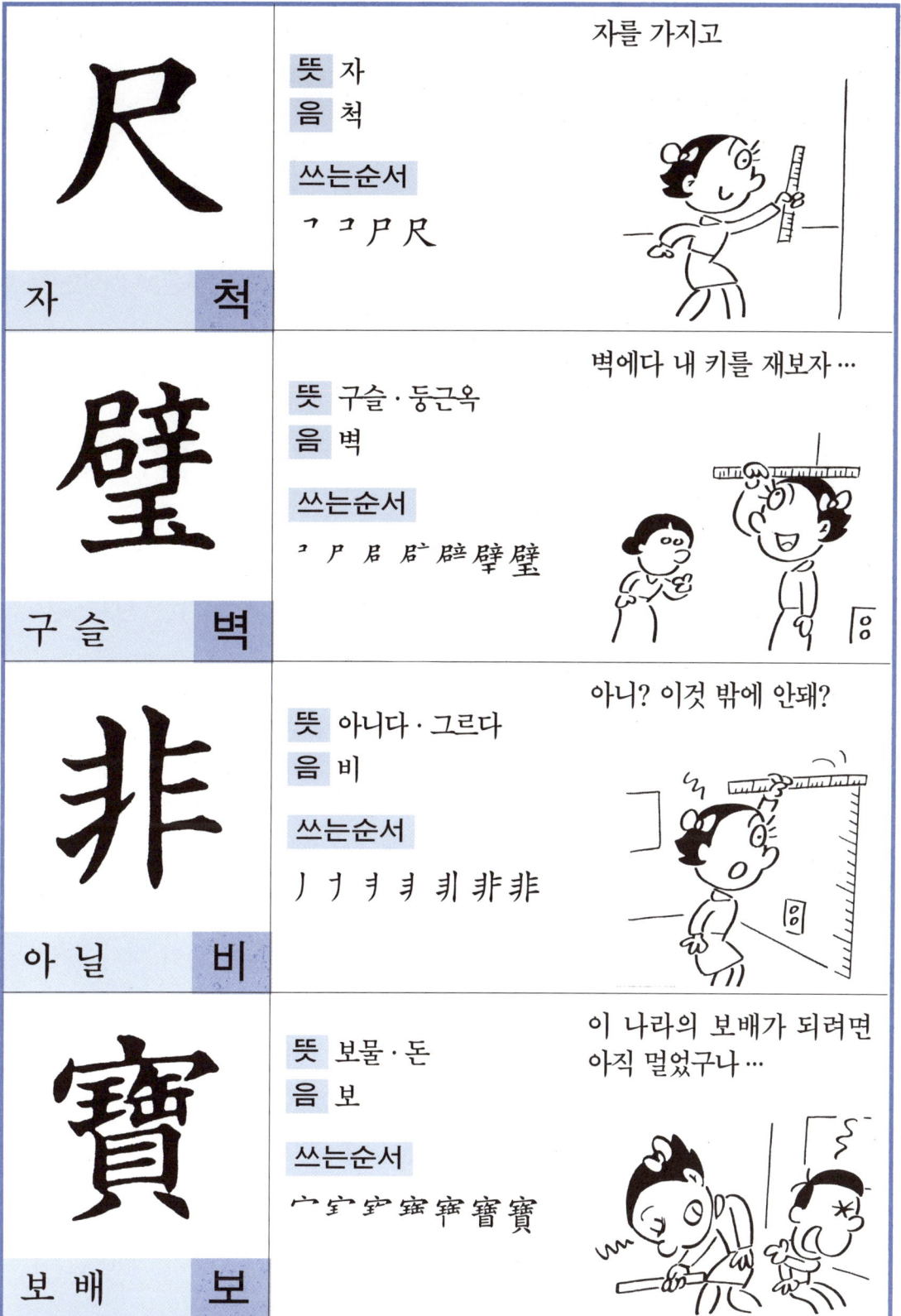

尺	뜻 자 / 음 척 / 쓰는순서 ㄱ ㄱ 尸 尺	자를 가지고
자 척		
璧	뜻 구슬·둥근옥 / 음 벽 / 쓰는순서 ㄱ 尸 皀 皀 皀 辟 壁 璧	벽에다 내 키를 재보자…
구슬 벽		
非	뜻 아니다·그르다 / 음 비 / 쓰는순서 丿 亅 扌 扌 非 非 非	아니? 이것 밖에 안돼?
아닐 비		
寶	뜻 보물·돈 / 음 보 / 쓰는순서 宀 宀 宀 宲 宲 寶 寶	이 나라의 보배가 되려면 아직 멀었구나…
보배 보		

척벽비보 한 자나 되는 구슬이라고 해서 그것이 꼭 보배라고 할 수 없다.

무릉도원 ➡ 이 세상과 동떨어진 아름다운 세상

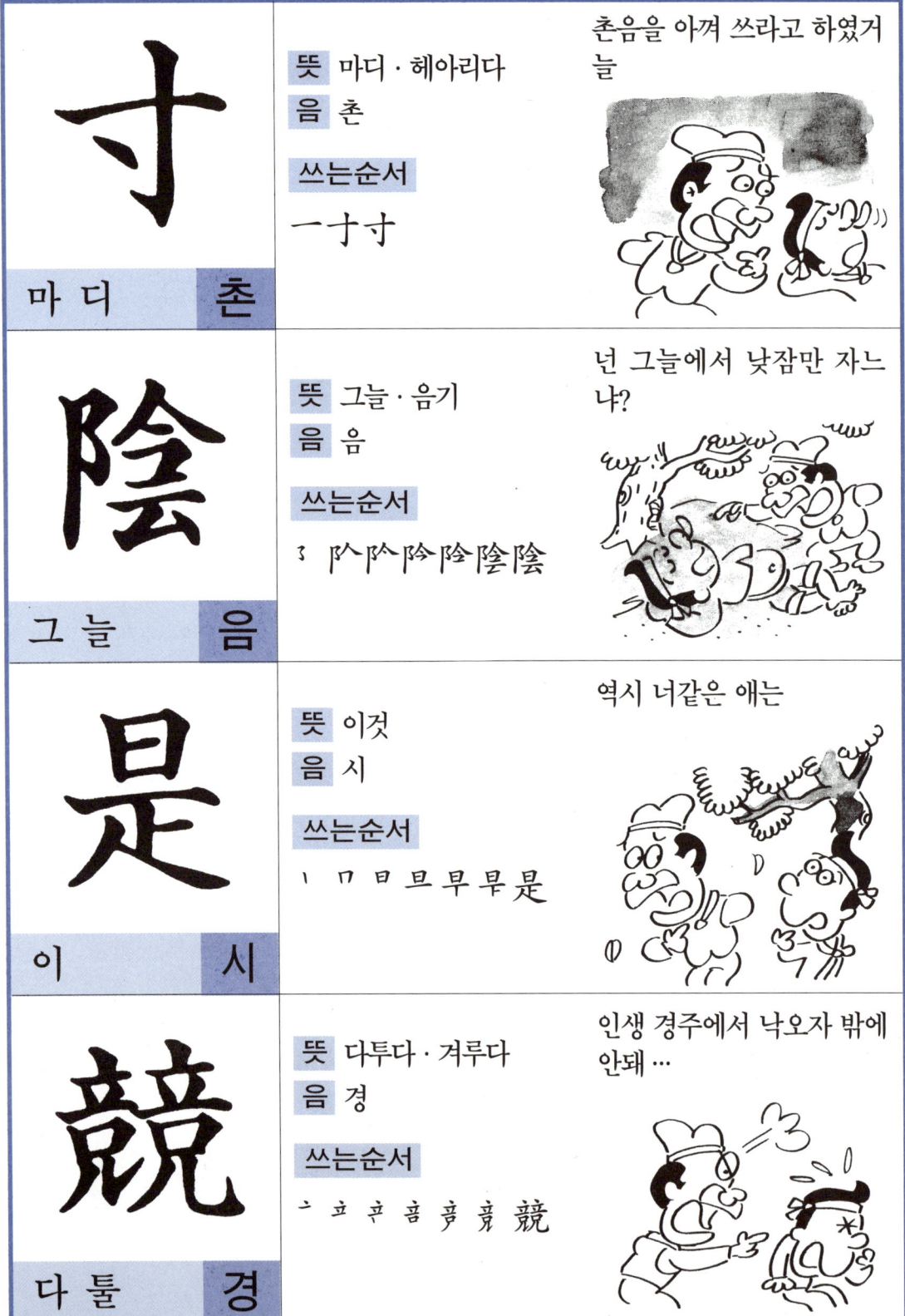

寸 마디 촌	뜻 마디·헤아리다 음 촌 쓰는순서 一十寸	촌음을 아껴 쓰라고 하였거늘
陰 그늘 음	뜻 그늘·음기 음 음 쓰는순서 ㄣ 阝阾阾陰陰陰	넌 그늘에서 낮잠만 자느냐?
是 이 시	뜻 이것 음 시 쓰는순서 丨口日旦早무是	역시 너같은 애는
競 다툴 경	뜻 다투다·겨루다 음 경 쓰는순서 ㄧ 亠 产 咅 音 竞 競	인생 경주에서 낙오자 밖에 안돼…

촌음시경 짧은 시간은 서로가 다투듯이 귀중하다. 보배로운 구슬보다는 잠깐의 시간이 더 소중하다.

무지몽매 ➡ 무식하여 어리석고 답답함.

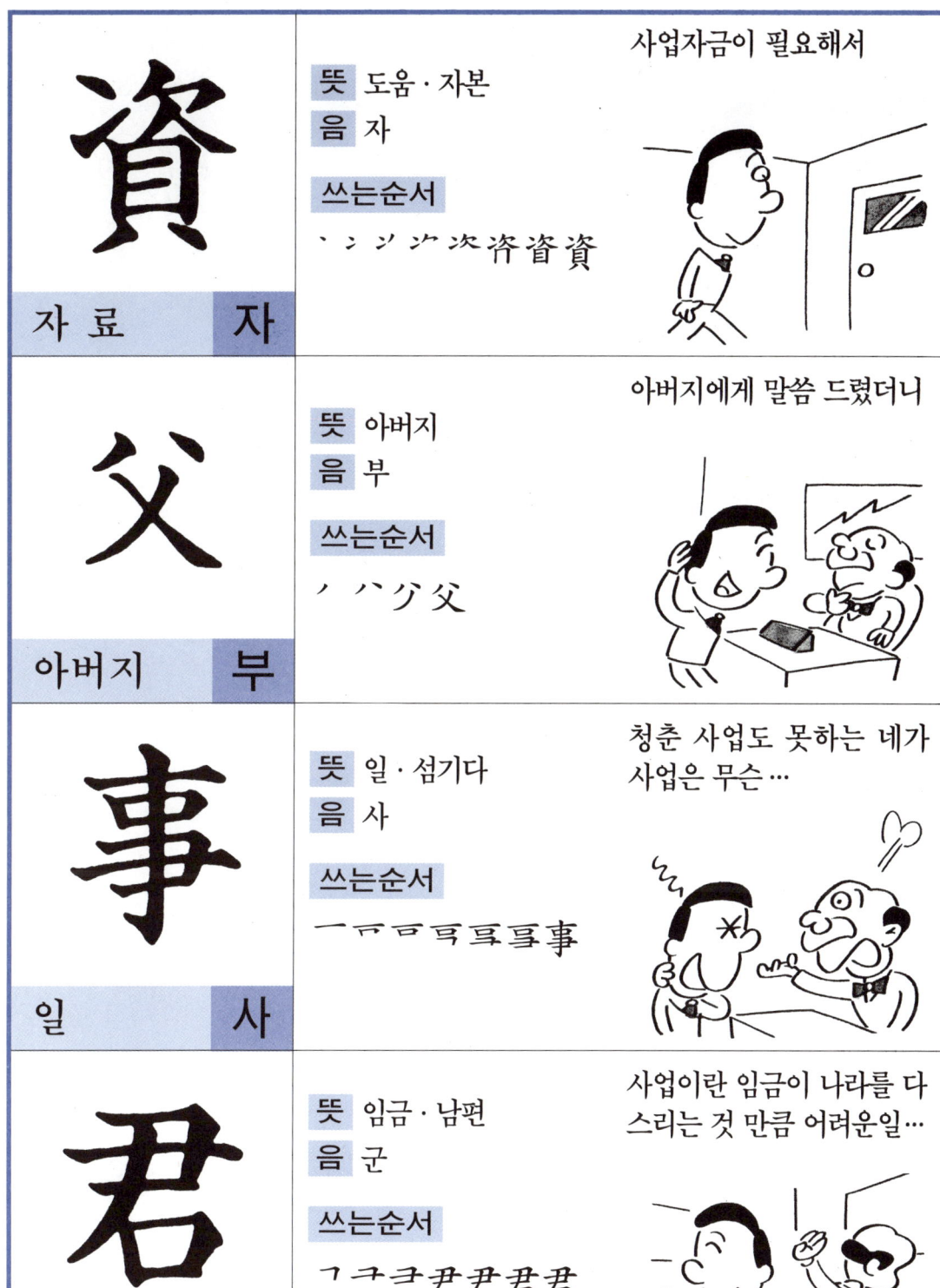

	뜻 도움·자본 음 자 쓰는순서 丶丶冫冫次次咨資資	
자료 **자**		
	뜻 아버지 음 부 쓰는순서 丶丶ノ父	
아버지 **부**		
	뜻 일·섬기다 음 사 쓰는순서 一一一一一事事事	
일 **사**		
	뜻 임금·남편 음 군 쓰는순서 フコヨ尹尹君君	
임금 **군**		

자부사군 부모를 섬기는 효도와 같이 임금을 섬긴다.

무위도식 ➡ 아무 쓸모 없는자가 하는 일 없이 먹고 놀다.

曰 갈 왈	뜻 가로되 음 왈 쓰는순서 丨 冂 日 日	급히 뛰어갔는데 할아버지께서 말씀 하시기를
嚴 엄할 엄	뜻 엄하다 음 엄 쓰는순서 吅 吅 严 严 眉 嚴 嚴	어른을 엄한줄 알아야지 앞을 함부로!
與 더불 여	뜻 더불어·주다 음 여 쓰는순서 亻 ㄏ ㅌ ㅌ 印 卨 與 與	더불어 다음 부터는
敬 공경할 경	뜻 공경하다·삼가다 음 경 쓰는순서 丶 廾 艹 芍 敬 敬 敬	공경 하겠습니다…

왈엄여경 임금을 섬길 때에는 엄숙한 자세로 공경을 해야한다.

문무겸비 ➡ 장군의 기질과 학자의 기질을 다 갖춤.

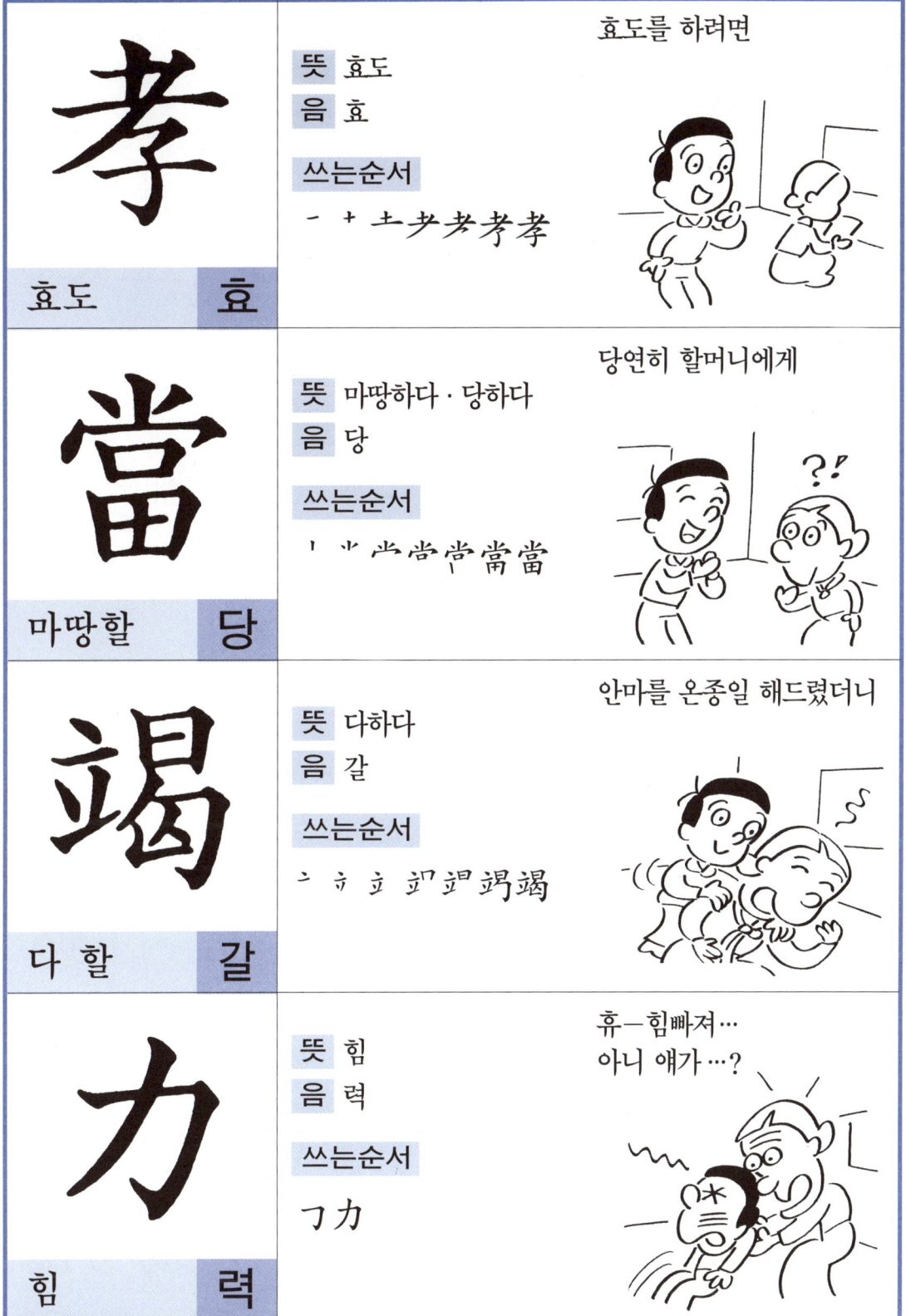

효당갈력 부모를 섬기는 효도란 마땅히 온 힘을 다하여야 한다.

문방사우 ➡ 붓, 종이, 먹, 벼루 (글씨도구)

忠

- **뜻** 충성
- **음** 충
- **쓰는순서** ㇇ 口 中 中 忠 忠 忠

충성 충

그래 나라에 충성을 하겠느냐?

則

- **뜻** 곧·법
- **음** 즉·측
- **쓰는순서** 丨 冂 冃 目 貝 貝 則

곧(법측) 즉(측)

네 곧 하겠습니다…

盡

- **뜻** 다하다
- **음** 진
- **쓰는순서** ㇇ 彐 彐 聿 肀 盡 盡

다 할 진

그럼 네 있는 힘을 다해서 충성 해봐라… 네…

命

- **뜻** 목숨·명령·운명
- **음** 명
- **쓰는순서** ㇒ 人 𠆢 今 合 命 命

목 숨 명

조국을 위해서 목숨을 걸겠습니다…

충즉진명 임금에게 충성을 다한다는 것은 자신의 목숨을 다해 섬기는 것이다.

문전성시 ➡ 대문앞이 방문객으로 북적거림

臨 임할 림

- **뜻** 임하다 · 임시
- **음** 림
- **쓰는순서** 丨 臣 臥 臥 臨 臨 臨

임진강을 건너다가

深 깊을 심

- **뜻** 깊이 · 깊다
- **음** 심
- **쓰는순서** 氵 沪 沪 浐 浐 深 深

너무 깊어

履 신 리(이)

- **뜻** 밟다 · 신
- **음** 리(이)
- **쓰는순서** 𠃌 尸 尸 尸 屛 屛 履

앗! 이력서를 빠뜨렸다!

薄 엷을 박

- **뜻** 엷다 · 밝히다
- **음** 박
- **쓰는순서** 艹 艹 芦 芦 蓮 薄 薄

박봉에 시달릴 그런 회사 못 들어가면 어떠냐?

임심이박 행실을 깊은곳에 임하듯 하고, 얇은데를 밟듯이 주의하라.

박장대소 ➡ 손벽을 치면서 크게 웃다.

夙 이를 숙	뜻 일찍·새벽 음 숙 쓰는순서 丿 几 凡 凡 夙 夙	애야 일찍자고 
興 흥할 흥	뜻 일어나다·흥겹다 음 흥 쓰는순서 丨 𠂉 𦥑 𦥑 𦥒 𦥓 興 興	새벽에 일어나서 
溫 따뜻할 온	뜻 따뜻하다 음 온 쓰는순서 氵氵氵 沪 涃 淠 溫 溫	온천에 가자… 
淸 서늘 청	뜻 서늘하다 음 청 쓰는순서 丶 氵氵 汀 冫 淸 淸 淸	온수에 목욕하고 서늘한 바람을 쏘이면 기분좋지… 

숙흥온청 부모를 섬길때에는 일찍 일어나 추우면 따뜻하게 하고, 더우면 서늘하게 하는 것이다.

박학다식 ➡ 다방면으로 아는 것이 많음.

似 같을 사	**뜻** 같다·닮다 **음** 사 **쓰는순서** ノ イ 亻 亻 化 似 似	싸게 샀어. 유사품에 주의 하세요… 
蘭 난초 란	**뜻** 난초 **음** 란 **쓰는순서** 艹 艼 岢 芦 門 蘭 蘭	난초과에 속하는 것이지 
斯 이 사	**뜻** 이것 **음** 사 **쓰는순서** 一 艹 甘 其 其 斯 斯	이건 결코 
馨 꽃다울 형	**뜻** 향기롭다 **음** 형 **쓰는순서** 十 声 声 殸 磬 馨	향기로 봐서 난초가 아닌데 요… 그럼 속았네…! 

사란사형 난초는 멀리까지 꽃다운 향기를 풍긴다. 이것은 곧 군자의 행실과 같다.

배은망덕 → 받은 은혜를 망각함

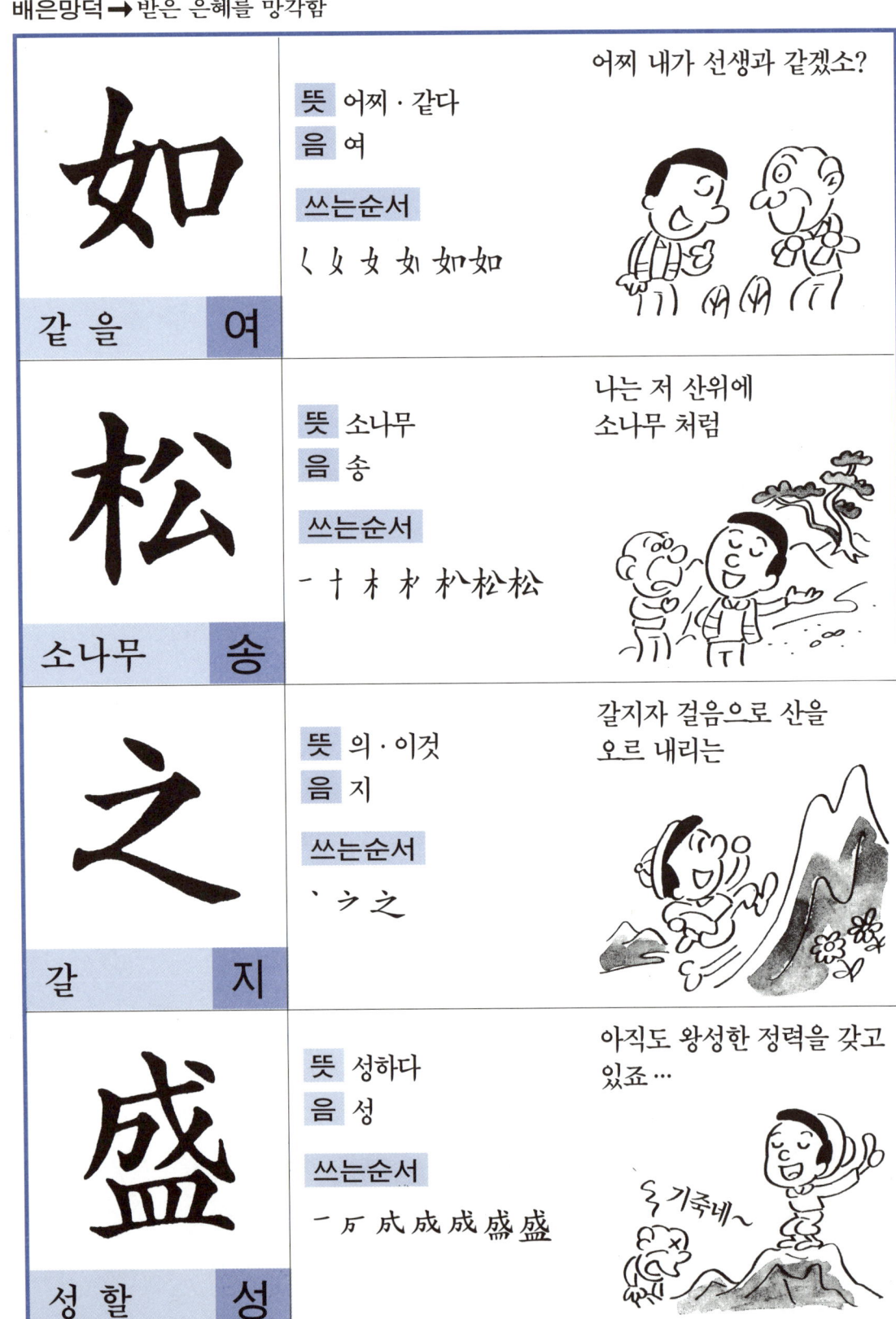

如	뜻 어찌·같다 음 여 쓰는순서 く 夕 女 如 如 如	어찌 내가 선생과 같겠소?
같을 여		
松	뜻 소나무 음 송 쓰는순서 一 十 木 朩 朴 松 松	나는 저 산위에 소나무 처럼
소나무 송		
之	뜻 의·이것 음 지 쓰는순서 丶 ㇉ 之	갈지자 걸음으로 산을 오르 내리는
갈 지		
盛	뜻 성하다 음 성 쓰는순서 一 厂 成 成 成 盛 盛	아직도 왕성한 정력을 갖고 있죠…
성할 성		

여송지성 군자의 절개는 소나무 같이 항상 푸르고 싱싱함을 말한다.

백골난망 ➡ 죽어 뼈만 남아도 잊지 않겠다.

川 내 천	뜻 내 음 천 쓰는순서 丿 丿丿 川	앗! 개천에
流 흐를 류	뜻 흐르다·떠돌다 음 류 쓰는순서 丶 氵 氵 沪 沪 流 流	오물이 흘러 오는걸 보니 고기살려!
不 아니 불 아닌가 부	뜻 아니다·없다 음 불 쓰는순서 一 ㄱ 不 不	어느 양심 불량한 사람이
息 쉴 식	뜻 숨·쉬다 음 식 쓰는순서 丿 竹 自 自 自 息 息	낮에는 쉬고 밤에 몰래 오물을 갖다 버렸나보군…

천류불식 군자의 행동이란 냇물이 쉬지않고 흐르는 것과 같아야 한다.

백년지객 ➡ 평생손님, 사위에게 이르는 말

淵 못 연	뜻 못·깊다 음 연 쓰는순서 氵氵氵氵氵淵淵	연못을 들여다 보니 
澄 맑을 징	뜻 맑다 음 징 쓰는순서 氵氵氵氵氵澄澄	물이 맑아서 속까지 보이네 
取 취할 취	뜻 취하다·갖다 음 취 쓰는순서 一丅F耳耳取取	물을 마실까…? 아니? 
暎 비칠 영	뜻 비치다 음 영 쓰는순서 丨冂日旷暎暎暎	물에 비친 내 얼굴이 저렇게 더러워…? 

연징취영 군자의 마음씨란 연못이 맑아 비치는 것과 같아야 한다.

백문불여일견 ➡ 백번 듣는 것보다 한번 보는 것이 좋다.

容 얼굴 용	뜻 얼굴·용서하다 음 용 쓰는순서 丶 宀 宀 宀 灾 容 容	사내 자식이 뭘 얼굴을 자꾸봐?
止 그칠 지	뜻 그치다·막다 음 지 쓰는순서 丨 卜 屮 止	그만 그치지 못해…?
若 같을 약	뜻 같다·만약 음 약 쓰는순서 一 十 艹 艹 芊 若 若	이렇게 잘생긴 내가 만약
思 생각 사	뜻 생각하다·의사 음 사 쓰는순서 丨 冂 日 田 田 思 思	탈랜트가 되면 어떨가 생각 중이요…

용지약사 군자의 행동은 항상 침착하고 조용한 생각이어야 한다.

백발백중 ➜ 백번 쏘아 백번 모두 명중 시키다.

言 말씀 언	뜻 말 음 언 쓰는순서 `丶 亠 ㄛ 言 言 言 言`	윗 사람에게 폭언을 하다니 … 정신나갔어?
辭 말씀 사	뜻 글·사전 음 사 쓰는순서 `亠 ⺈ 爲 爲 辭 辭`	사표 여기 있습니다. 흥!
安 편안 안	뜻 편안하다 음 안 쓰는순서 `丶 丶 宀 安 安 安`	그럼 안녕히 …
定 정할 정	뜻 정하다 음 정 쓰는순서 `丶 丶 宀 宀 宀 宇 定 定`	잠깐! 어디 갈곳은 정했나? 아뇨…

언사안정 군자란 태도만 침착한 것이 아니고, 말도 침착하고 안정되게 해야 한다.

백척간두 ➡ 장대끝에 있는 것과 같이 위태롭다.

篤	뜻 독실하다·두터움 음 독 쓰는순서 丿 ㅏ ⺮ ⺮ 笁 筁 篤 篤	독지가 여러분의 덕으로 
도타울 독		
初	뜻 처음·첫 음 초 쓰는순서 丶 ㇋ 礻 衤 衤 初 初	처음으로 학교가 문을 열게 되었습니다… 
처음 초		
誠	뜻 정성·진실 음 성 쓰는순서 亠 言 訁 訁 訐 誠 誠	여러분은 성심껏 공부를 해서 
정성 성		
美	뜻 아름답다 음 미 쓰는순서 丷 丷 兰 羊 羊 美 美	아름답고 훌륭한 인재가 되기를 … 감사 … 
아름다울 미		

독초성미 군자란 무슨 일을 하더라도 처음부터 성실하고 신중해야 한다.

백팔번뇌 ➡ 불경에서의 108가지 번뇌

慎 삼갈 신	뜻 삼가하다 음 신 쓰는순서 忄 忄' 忄' 忄㫃 恒 愼 愼	모든일을 신중하게 해서
終 마지막 종	뜻 마침·끝 음 종 쓰는순서 㘝 糸 糸 糸 紗 終 終	유종의 미를 거두기를,
宜 마땅 의	뜻 마땅하다 음 의 쓰는순서 丶 宀 宀 宀 宜 宜 宜	그러면 마땅히
令 하여금 령	뜻 하여금·명령 음 령 쓰는순서 丿 人 亼 令 令	사령장을 받을걸세… 정말요…?

신종의령 무슨 일이든지 처음뿐만 아니라 끝맺음도 좋게 하여야 한다.

분골쇄신 ➡ 뼈와 몸이 부서지도록 노력함.

榮	뜻 영화롭다·명예 음 영 쓰는순서 丶 ⺍ ⺍⺍ ⺤⺤ ⺨⺨ ⺫⺫ 榮	영화를 누리고
영화 영		

業	뜻 직업 음 업 쓰는순서 ⺌ ⺍⺍ ⺤⺤ ⺨⺨ 業 業 業	좋은 직업을 얻으려면
업 업		

所	뜻 곳·처소 음 소 쓰는순서 ⼁ ⼃ ⼄ ⼅ 所 所 所	소원입니다… 선생님 우리 아이를 좀
바 소		

基	뜻 터·기초 음 기 쓰는순서 一 ⺊ ⺊ 甘 其 其 基 基	애는 기초부터 충실히 가르쳐야 겠는데요…
터 기		

영업소기 이상과 같이 군자의 행실을 잘 지키면 발전하는 기본이 된다.

분서갱유 ➡ 책을 불사르고 유생을 생으로 매장함.

籍 호적 적	뜻 문서·호적·서적 음 적 쓰는순서 ／ ⺮ ⺮ 籂 筆 籍 籍	본적이 어디냐?
甚 심할 심	뜻 심하다·더욱 음 심 쓰는순서 一 卄 甘 甚 其 甚 甚	넌 장난이 아주 심해…
無 없을 무	뜻 없다 음 무 쓰는순서 ／ ⺧ ⺧ 無 無 無 無	난 본적이 없습니다. 뭐라고?!…
竟 마침내 경	뜻 마침내·다하다 음 경 쓰는순서 一 亠 立 产 音 音 竟	마침 우주에서 왔거던요…

적심무경 발전 뿐만 아니다, 명예로운 이름이 영원히 전해진다.

불로불사 ➜ 늙지도 않고 죽지도 않는다.

學 배울 학	뜻 배우다·학문 음 학 쓰는순서 ⼁ ⼂ 臼 臼 與 學	나 학원에 다닌다…! 무슨 학원…? 
優 넉넉할 우	뜻 넉넉하다·뛰어나다 음 우 쓰는순서 ⼁ ⼂ 伊 伊 優 優 優	아니 연기학원에… 
登 오를 등	뜻 오르다 음 등 쓰는순서 ⼁ ⼂ ⼃ 癶 癶 登 登	그래서 스타로 등장 할거니…? 
仕 벼슬 사	뜻 벼슬·섬기다 음 사 쓰는순서 ⼁ ⼂ ⼁ 仕 仕	암—우리 오빠가 영화사 급사로 있거던… 

학우등사 배운것이 넉넉하면 벼슬자리에 오른다.

불로소득 ➡ 일이나 노력의 대가없이 벌어들임.

攝 잡을 섭	뜻 끌어 잡다 음 섭 쓰는순서 丿 亅 扌 扩 扞 担 撮 攝	열심히 일하는 사람을 끌어 들이는 
職 일 직	뜻 관직 · 사업 음 직 쓰는순서 一 耳 耵 聍 職 職 職	직장에 가서 
從 좇을 종	뜻 따르다 · 좇다 음 종 쓰는순서 丿 彳 彴 彴 從 從 從	종업원으로 일하고 싶습니다… 
政 정사 정	뜻 정사 · 다스리다 음 정 쓰는순서 丁 T 下 正 正 政 政	국회의사당에 정치인들 모인다… 

 배운뒤에 벼슬에 오르면 자신의 뜻대로 정사를 돌 볼 수 있다.

비일비재 ➔ 번번히. 한 두 차례가 아님

존이감당 주나라의 소공은 아가위 나무 아래에서 백성을 교화 시켰다.

사면초과 ➡ 사방에서 초나라 적에게 포위되다.

去 갈 거	뜻 가다·지나다 음 거 쓰는순서 一 十 土 去 去	한 번 잘못한 과거를
而 어조사 이	뜻 말이음 음 이 쓰는순서 一 丆 亓 而 而	자꾸 이야기하지 마세요…
益 더할 익	뜻 이익·유익 음 익 쓰는순서 八 夳 夲 夲 谷 益 益	그 노래가 유익하지 못한것 이라면
詠 읊을 영	뜻 읊다·노래하다 음 영 쓰는순서 一 言 言 訁 訁 訢 詠	더 노래하지 않을께요… 그럼 난 어떡해?

거이익영   주나라 소공이 죽은후에 백성들이 그의 덕을 추모하는 시를 읊었다.

사분오열 ➜ 넷으로 분리되고 다섯으로 갈라지다.

樂 풍류 악	뜻 풍류·즐기다 음 악·락 쓰는순서 白 绐 幾 樂 樂 樂 樂	 너 노래도 하고 악기를 다룰줄 아니?
殊 따를 수	뜻 따르다 음 수 쓰는순서 丁 歹 歹 歹 殊 殊 殊	 네―특수 교육을 받았거든요…
貴 귀할 귀	뜻 귀하다 음 귀 쓰는순서 冂 口 虫 虫 虫 冑 貴	 학생은 귀한 보배야…
賤 천할 천	뜻 천하다 음 천 쓰는순서 冂 貝 貝 賎 賎 賎 賤	 사람이 배우지 않으면 천해지는 걸요…

악수귀천 풍류에도 귀천이 다르듯이 천자, 제후, 사대부는 각각 다른 것이다.

사실무근 ➡ 어떠한 일이나 근거가 없음.

禮 예 도 예(례)	뜻 예의·예절 음 례 쓰는순서 ㄱ ㅈ ㅈ 禮 禮 禮 禮	사람이 예절이 바르면 
別 다를 별	뜻 분별하다·이별 음 별 쓰는순서 ㅣ ㅁ ㅁ 另 另 別 別	특별한 사람으로 
尊 높을 존	뜻 높다·공경하다 음 존 쓰는순서 ㅛ ㅛ ㅛ 酋 酋 尊 尊	어디를 가던 존경을 받는다… 
卑 낮을 비	뜻 낮다·천하다 음 비 쓰는순서 ㄱ ㅁ 白 白 由 卑 卑	비겁한 행동을 해서는 안되 죠… 

예별존비 예에도 존, 비에 따라 다르듯이 군신, 부자, 부부, 장유, 붕우에 따라 차별이 있다.

사통팔달 ➡ 사방으로 확 트임

上 위 상
- 뜻: 위·높다
- 음: 상
- 쓰는순서: 丨 ㅏ 上

상급생과는 항상

和 화할 화
- 뜻: 화목하다·온화하다
- 음: 화
- 쓰는순서: 千 千 千 禾 禾 和 和

화목해야 하고

下 아래 하
- 뜻: 아래·내리다·낮다
- 음: 하
- 쓰는순서: 一 丅 下

하급생과는 늘

睦 화목할 목
- 뜻: 화목하다·친하다
- 음: 목
- 쓰는순서: 丨 冂 目 目 日 旷 肽 睦 睦

친목을 도모해야 한다···
형이 최고~

상화하목 화목이란, 윗 사람은 인자하고 온화해야하고 아래 사람은 공경해야 한다.

사필귀정 ➡ 매사를 바르게 처리한 결과

夫	뜻 남편·사내 음 부 쓰는순서 一 二 夫 夫	남편께서는
남편 부		

唱	뜻 노래·부르다 음 창 쓰는순서 丨 口 叮 吅 吧 呾 唱	남편가요 열차에 나가시고
부를 창		

婦	뜻 아내·며느리·지어미 음 부 쓰는순서 く 夕 女 女ㅋ 女ㅋ 婦 婦	며느리는 집에서
며느리 부		

隨	뜻 따르다 음 수 쓰는순서 ３ ｱ ｱ﹣ ｱ﹦ 阤 陏 隋 隨	수필을 쓰고 있었죠…
따를 수		

부창부수 지아비가 부를때 지어머니가 잘 따르면 원만한 가정을 이룬다.

사후약방문 ➡ 사람이 죽은 뒤에 약을 지어온다.

外 밖 외	뜻 바깥·외방 음 외 쓰는순서 丿 ク タ 夕 外 外	외출을 삼가하고
受 받을 수	뜻 받다 음 수 쓰는순서 一 ⺍ ⺍⺍ ⺤ ⺤ 乎 受 受	수험 준비를 해야지…
傅 스승 부	뜻 스승 음 부 쓰는순서 亻 亻 仁 伊 伊 傅 傅	그것이 스승님의
訓 가르칠 훈	뜻 가르치다·훈계하다 음 훈 쓰는순서 丶 亠 宀 言 訓 訓 訓	훈시 이니라… 예…

외수부훈 여덟살이 되면 부모를 떠나 밖의 스승에게 가르침을 받아야 한다.

산자수명 ➡ 산수풍경이 아름답고 깨끗하다.

入	뜻 들어옴·들어감 음 입 쓰는순서 ノ 入	오빠가 대학에 입학한 후
들 입		
奉	뜻 받들다 음 봉 쓰는순서 一 二 三 垂 夫 奉 奉	봉양을 게을리 해서
받들 봉		
母	뜻 어머니 음 모 쓰는순서 ㇄ 乃 몸 母 母	어머니께서는 요즘
어미 모		
儀	뜻 거동·본보기 음 의 쓰는순서 亻 亻' 亻'' 伴 伴 僎 儀	거동 하시기에 불편하지 않으세요…? 괜찮다…
거 동 의		

입봉모의 배울 시기에 집에 돌아오면 어머니를 받들어 모든 일을 한다.

산전수전 ➡ 산 에서도 싸우고 물 에서도 싸우듯 다 겪었다.

諸 모두 제	뜻 모든 · 여러 음 제 쓰는순서 ` 言 言 言 訁 訐 諸 諸	제군들은 효를 중요시 하고 
姑 고모 고	뜻 고모 음 고 쓰는순서 ㄑ 乂 女 女 女 姑 姑	고모님을 잘 모셔야 한다… 
伯 맏 백	뜻 맏이 · 첫 음 백 쓰는순서 丿 亻 亻 亻 伯 伯 伯	백부도 잘 모셔야 되나요? 물론… 
叔 아저씨 숙	뜻 아저씨 음 숙 쓰는순서 丨 ㅏ 上 キ 未 叔 叔	숙부는 어떻게 할까요…? 

제고백숙 친척중에 먼저 섬겨야 할 분으로 고모와 백부 · 숙부 등을 말한다.

살신성인 ➡ 내 목숨을 희생시켜 남의 목숨을 구함.

猶	뜻 같다·오히려 음 유 쓰는순서 丿 亻 犭 犭 犴 犹 猶 猶	유태인은
같을 유		

子	뜻 아들 음 자 쓰는순서 フ 了 子	아들을 낳으면…
아들 자		

比	뜻 견주다·비례 음 비 쓰는순서 一 レ 比 比	호랑이와 비교해서
견줄 비		

兒	뜻 아이 음 아 쓰는순서 丿 丨 丨 白 白 臼 兒 兒	살아남는 아이만 키웠대…
아이 아		

유자비아 친척중에 조카들도 내 자식과 똑같이 교육하여야 한다.

삼고초려 ➡ 세번 찾아가 군사를 초청함. 삼국지에 나옴

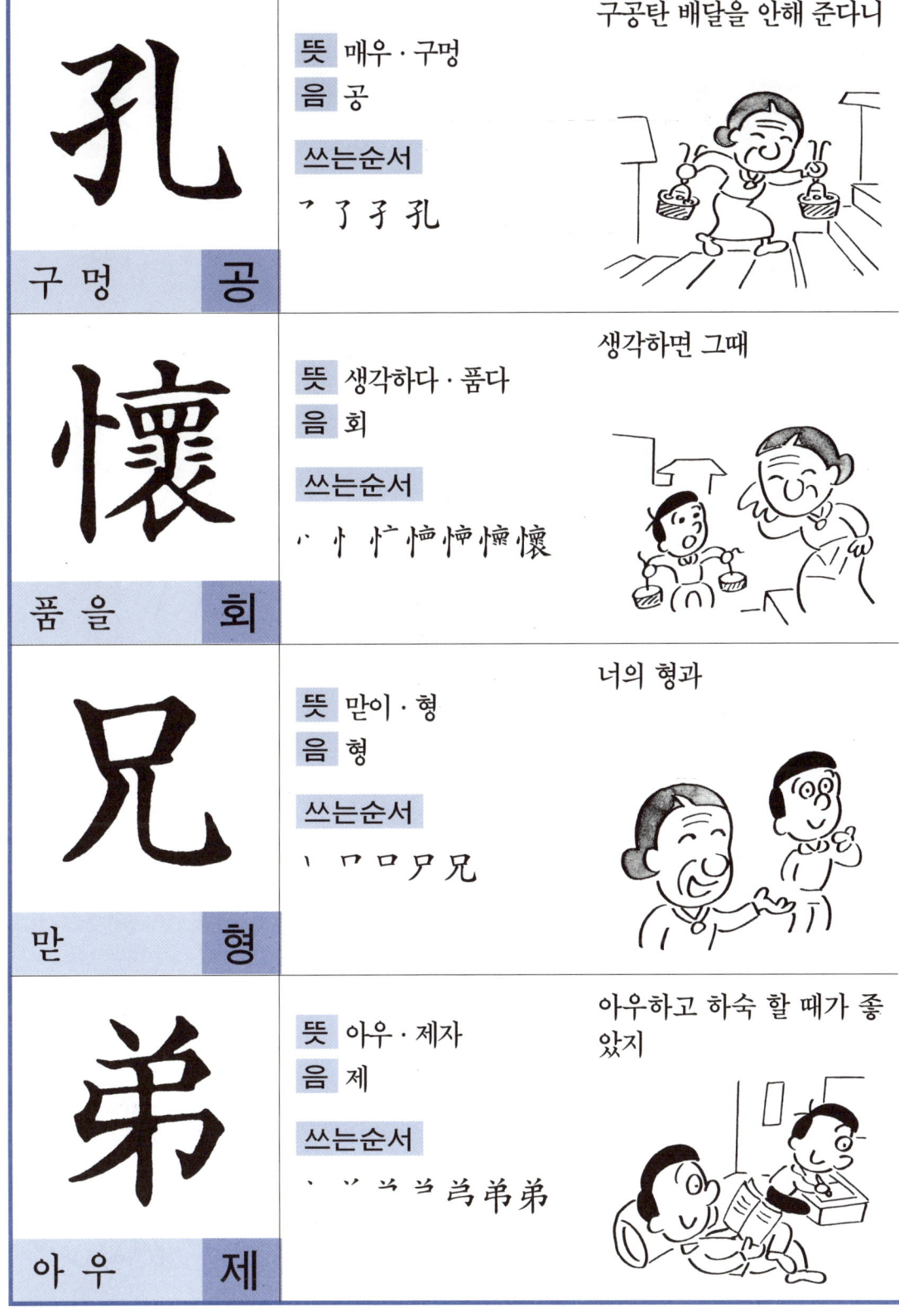

한자	뜻	음	쓰는순서
孔	매우·구멍	공	一 了 子 孔
懷	생각하다·품다	회	丶 忄 忄 忄 忄 忄 懷
兄	맏이·형	형	丨 口 口 尸 兄
弟	아우·제자	제	丶 丷 弓 弓 弔 弟 弟

구멍 공
품을 회
맏 형
아우 제

구공탄 배달을 안해 준다니
생각하면 그때
너의 형과
아우하고 하숙 할 때가 좋았지

공회형제 형제간에는 서로 사랑하고 의좋게 지내야 한다.

삼삼오오 → 몇 사람씩 짝을지어 흩어진 상태

同
뜻 한가지·함께
음 동
쓰는순서
丨 冂 冂 同 同 同

한가지 동

여보게 동지!

氣
뜻 기운·숨
음 기
쓰는순서
丿 气 气 氕 氘 氣 氣

기 운 기

기운 차리게…
아얏!

連
뜻 연하다·이으다
음 련
쓰는순서
一 丆 冒 亘 車 車 連

연 할 연(련)

일요 연속 코미디

枝
뜻 가지
음 지
쓰는순서
一 十 木 木 札 枋 枝

가 지 지

일지매는 어떻던가?

동기연지 형제는 부모로부터 기운을 똑같이 받았기 때문에 마치 나무의 가지와 같다.

삼십육계 주위상책 ➜ 도망치는 것이 제일이다. 비겁한 자에게

交 사귈 교	뜻 사귀다 · 오고 가다 음 교 쓰는순서 丶一ナ六六交	교제하는 남자 친구와
友 벗 우	뜻 벗 · 우애 음 우 쓰는순서 一ナ方友	정말 우정이 두터우며
投 던질 투	뜻 던지다 음 투 쓰는순서 一十才才扒抖投	그 친구는 투철한 정신과
分 나눌 분	뜻 나누다 · 분별하다 음 분 쓰는순서 丿八分分	공과 사가 분명하냐 … ? 예 …

교우투분 벗을 사귈때에는 서로 분수에 맞는 사람끼리 사귀어야 좋다.

삼일천하 ➡ 권력을 삼일 동안만 잡았다.

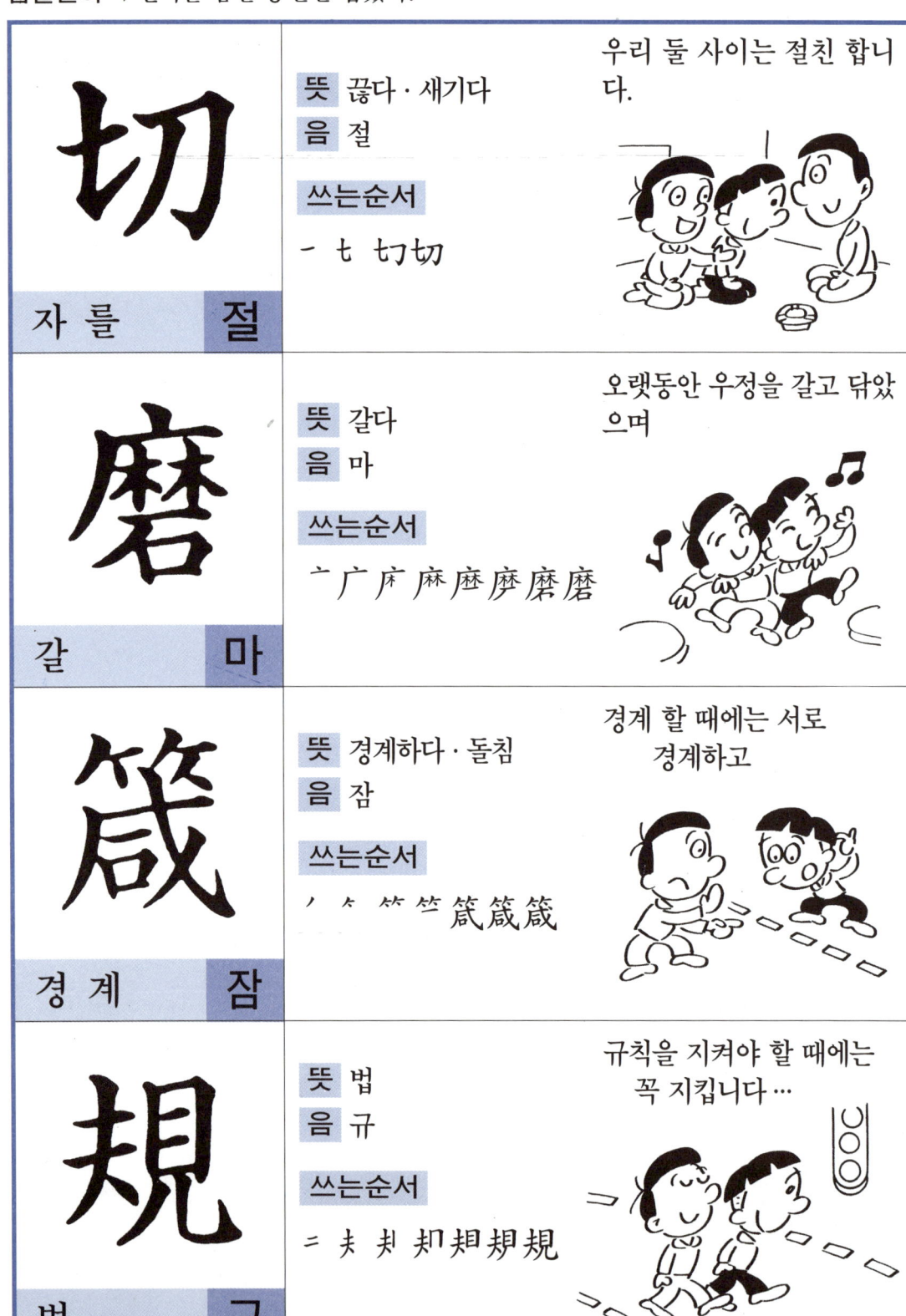

한자	뜻	음	쓰는순서
切 (자를 절)	끊다·새기다	절	一 t 切切
磨 (갈 마)	갈다	마	亠 广 庐 麻 磨 磨 磨 磨
箴 (경계 잠)	경계하다·돌침	잠	ノ 스 竹 竺 笍 箴 箴
規 (법 규)	법	규	二 丰 扌 却 担 規 規

우리 둘 사이는 절친 합니다.

오랫동안 우정을 갈고 닦았으며

경계 할 때에는 서로 경계하고

규칙을 지켜야 할 때에는 꼭 지킵니다…

절마잠규 사람의 도리를 지키려면 항상 열심히 닦고 배워야 한다.

삼종지도 ➡ 여자는 아버지, 남편, 아들에게 순종 한다는 말

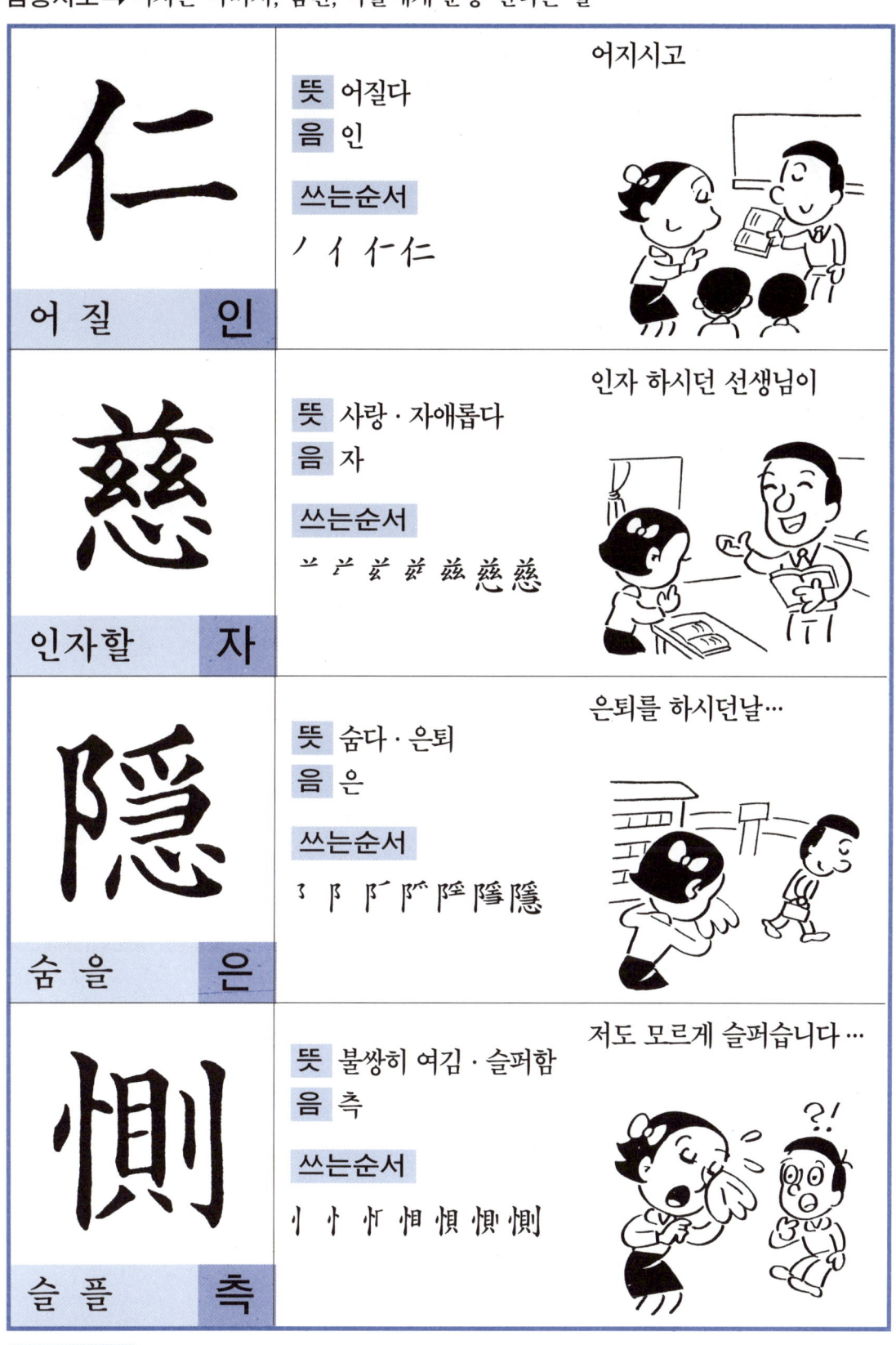

인자은측 항상 어진 마음으로 남을 사랑하며 측은하게 여긴다.

삼척동자 ➡ 키가 석자 밖에 안되는 어린이

造 지을 조	뜻 만든다 · 잠깐 음 조 쓰는순서 丶䒑牛告告告造	제조회사에 오래 다니더니 
次 버금 차	뜻 버금 · 다음 · 차례 음 차 쓰는순서 丶冫亇次次次	이제 차장으로 승진이 됐구나… 
弗 말 불	뜻 아니다 · 어기다 음 불 쓰는순서 一弓弓弗弗	이젠 불화 취급하는 일하고는 
離 떠날 리	뜻 떠나다 · 떨어지다 음 리 쓰는순서 亠凸离离离離離	이별해도 되겠다… 다 아버님 덕분 입니다… 

조차불리 항상 남을 동정하는 마음을 간직해야 한다.

삼천지교 ➡ 맹자 어머니가 맹자 교육을 위해 집을 세번 옮김

節 마디 절	뜻 절개·마디 음 절 쓰는순서 丿 𠂉 𠂉 𥫗 𥫗 𥬇 節	3·1절이 되면 
義 옳을 의	뜻 정의·의리 음 의 쓰는순서 丷 䒑 圭 𦍌 羔 義 義	수많은 의(義)사, 열사가 생각납니다… 
廉 청렴 렴	뜻 청렴하다·염치 음 렴 쓰는순서 亠 广 庐 庐 庐 廉 廉	그분들은 다 청렴결백 하게 사시다가 
退 물러갈 퇴	뜻 물러나다·물리치다 음 퇴 쓰는순서 ⁊ ⁊ 𠃜 𠃜 艮 艮 退	돌아가신 분들이지… 

 군자란 누구에게나 청렴하고 절개있고 의리와 겸손함을 지켜야 한다.

상전벽해 ➡ 뽕나무 밭이 였는데 바다로 변했다.

顚 기울어질 전	뜻 넘어지다·정수리 음 전 쓰는순서 ヽ ヒ 旨 直 眞 眞 顚	오는데 버스가 전복되어 
沛 자빠질 패	뜻 자빠지다·쏟아지다 음 패 쓰는순서 ヽ ヽ 氵 氵 汴 沛 沛	사람들이 자빠졌어요··· 그래 넌 어디 다치지 않았니? 
匪 아닐 비	뜻 아니다·도독 음 비 쓰는순서 一 丁 丰 耒 非 非 匪	그게 아니고 남들이 그러는 걸 난 구경만 했어요··· 
虧 이지러질 휴	뜻 이지러 지다·줄다 음 휴 쓰는순서 ト 广 卢 虍 雇 虧 虧	이거 정말 이지러 지겠네··· 

전패비휴 용기있는 군자란 엎어지고 자빠져도 결코 어지러지지 않는다.

새옹지마 ➡ 인간 세상의 변화는 무상하다.

性 성품 성	뜻 성질·성 음 성 쓰는순서 丶 忄 忄 忄 忄 性 性	그애 성질은 
靜 고요할 정	뜻 고요하다·조용하다 음 정 쓰는순서 一 主 青 青 青 靜 靜	조용하고 
情 뜻 정	뜻 뜻·정 음 정 쓰는순서 丶 忄 忄 忄 忄 情 情	인정도 많아요… 
逸 편안할 일	뜻 편안하다·달아나다 음 일 쓰는순서 丿 ク ク 수 乌 免 逸	그래서 국립대학 장학생으로 선발됐죠… 

성정정일 성품이 고요하면 뜻한바가 편안하니 고요함은 천성이고 동작은 인정인 것이다.

색즉시공 공즉시색 ➜ 본래부터 색과 공은 아무 차별이 없다.

心	뜻 마음·가운데 음 심 쓰는순서 、心心心	마음을 편안히 가지고 
마음 심		
動	뜻 움직이다 음 동 쓰는순서 二 亻 亻 亻 亻 重 動 動	가볍게 아침운동을 하며 맑은 공기를 마시면 
움직일 동		
神	뜻 정신·귀신 음 신 쓰는순서 二 亍 禾 和 和 和 神	정신이 맑아지고… 
귀신 신		
疲	뜻 피곤하다·지치다 음 피 쓰는순서 广 疒 疒 疒 疒 疲 疲	피로까지 말끔히 가십니다… 
가쁠 피		

 마음이 흔들리면 정신이 피곤하고 마음이 불안해도 신기가 불편한 것이다.

생면부지 ➜ 처음보는 사람

守 지 킬　수	뜻 지키다·막다 음 수 쓰는순서 丶丶宀宀宁守守	우리학교 수위실이다 
眞 참　진	뜻 참 음 진 쓰는순서 一ヒ匕乍乍直直眞眞	그분의 참 뜻은 
志 뜻　지	뜻 뜻·적다 음 지 쓰는순서 一十士士志志志	학생들이 뜻대로 지망해서 
滿 찰　만	뜻 가득하다·꽉차다 음 만 쓰는순서 氵氵汁汫滿滿滿	모두 진학하는 바램으로 가 득했죠… 

수진지만 사람의 도리를 잘 지키면 뜻한바가 충만하고 군자의 도를 잘 지키면 뜻한바가 편안하다.

생사여탈 ➡ 죽이고 살리는 일을 마음대로 한다.

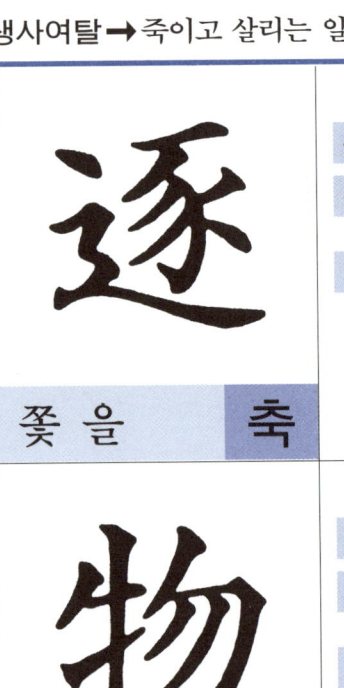

| 逐 | 뜻 쫓다
음 축
쓰는순서
一 丂 丂 豕 豕 豕 豕 逐 |  곰을 쫓는 두 사람이 있었다. |

쫓을 축

| 物 | 뜻 만물·물건
음 물
쓰는순서
丿 丨 牛 牜 牜 物 物 物 |  한 사람은 곰의 가죽(물건)을 원했고 |

만물 물

| 意 | 뜻 뜻·생각·의미
음 의
쓰는순서
一 ㅗ 立 产 咅 音 音 意 |  또 한사람의 뜻은 |

뜻 의

| 移 | 뜻 옮기다·바꾸다
음 이
쓰는순서
二 千 禾 禾 移 移 移 |  쓸개만 옮기는데 있었죠… |

옮길 이

축물의이 물건을 탐내어 욕심을 일으키면 평온하던 마음도 변한다.

선견지명 ➡ 앞일을 미리 내다 본다.

堅 굳을 견	뜻 굳다·굳세다 음 견 쓰는순서 一 Γ Γ Ρ 臣 臤 堅 堅	 나는 굳은 결심을 했지…
持 가질 지	뜻 가지다·지니다 음 지 쓰는순서 一 十 才 扌 扞 拌 持 持	 장차 집을 한채 가지게 되면
雅 맑을 아	뜻 아담하다·맑다 음 아 쓰는순서 一 ㄷ ㅋ 于 牙 乎 牙 雅 雅	 아담한 걸로 장만하고
操 잡을 조	뜻 지조·잡다 음 조 쓰는순서 一 十 才 扌 扩 护 操 操	 그안에 지조가 강한 부인을 두기로… 꿈도 야무지다…

견지아조 자신의 도리를 굳게 지키려면 지조와 절개를 굳게 지켜야 한다.

설상가상 ➡ 눈위에 서리가 더 내리다. 불행이 겹침

好 좋을 호	뜻 좋다 · 사이좋다 음 호 쓰는순서 ⼃ ⼄ 女 女' 好 好	더 좋아 하지 말아요…

爵 벼슬 작	뜻 벼슬 · 술잔 음 작 쓰는순서 ⼃ ⺈ 𠂉 𥁕 爫 爵 爵	당신이 저애 벼슬 하는걸 자꾸 원하기 때문에

自 스스로 자	뜻 스스로 음 자 쓰는순서 ⼃ 亻 冂 自 自 自	저 애 스스로

縻 얽을 미	뜻 얽어매다 음 미 쓰는순서 ⼀ 广 庐 麻 麻 摩 縻	앞길을 얽어 매놓는 결과가 돼요…

호작자미 군자의 도리를 굳게 지키면 스스로 벼슬을 얻게 되고 인작을 이르게 된다.

설왕설래 ➡ 서로 생각이 다르기 때문에 옥신각신함.

都 도읍 도	뜻 서울·도회지 음 도 쓰는순서 一 土 耂 者 者 者 都 都	조선조 제22대 정조께서 수도를 
邑 고을 읍	뜻 고을·마을 음 읍 쓰는순서 丨 口 口 므 므 몹 邑	읍 소재지인 
華 빛날 화	뜻 빛나다·나라 음 화 쓰는순서 一 十 卄 垆 芷 莕 華	화성으로 옮기시려 하셨으니 
夏 여름 하	뜻 여름 음 하 쓰는순서 一 丆 兀 百 頁 頁 夏 夏	때는 여름이었다… 

도읍화하 　도읍은 당시의 왕성에 대한 지위이고 화하는 당시 중국의 나라 이름이다.

소탐대실 ➡ 적은 것에 욕심 내다가 큰것을 버리게됨

東 동녘 동	뜻 동쪽 음 동 쓰는순서 一 ㄱ 冂 百 寸 申 東 東	동쪽에서 해가 뜰때 출발해서
西 서녘 서	뜻 서쪽 음 서 쓰는순서 一 ㄱ 冂 丙 丙 西 西	서쪽에 해가 질때까지 …
二 두 이	뜻 둘·둘째 음 이 쓰는순서 一 二	2백리를 걸어갔으니 …
京 서울 경	뜻 서울 음 경 쓰는순서 丶 一 亠 ㅗ 古 亨 京	과연 서울은 멀기도 하구나

동서이경 서울이 동과 서, 두곳에 있는데 동쪽 서울은 낙양이고 서쪽 서울은 장안이다.

속수무책 ➡ 꼼짝 못하고 당하다.

背 등 배	뜻 등·뒤 음 배 쓰는순서 丨 丨 十 北 북 背 背	이 그림좀 감상해 주세요… 배경을 보니
邙 터 망	뜻 산이름·터 음 망 쓰는순서 、 亠 亡 亡 ʼ亡ʼ 亡ʼ3 邙	북망산 아래에서
面 낯 면	뜻 얼굴·대하다 음 면 쓰는순서 一 丆 丙 而 面 面 面	전연 안면이 없는 사람이
洛 낙수 락	뜻 물·물이름 음 락 쓰는순서 氵 氵 氵 汀 洛 洛 洛	낙양을 바라보고 있는데…

배망면락 동쪽 서울 북쪽에는 북망산이 있고 남쪽에는 낙천이 있다.

송구영신 ➡ 묵은 해를 뒤로하고 새해를 맞이함.

浮 뜰 부	뜻 뜨다 음 부 쓰는순서 丶 冫 氵 汽 浮 浮 浮	떠서 구름을 타고 내려다 보니
渭 위 수 위	뜻 물이름 음 위 쓰는순서 丶 冫 氵 汩 渭 渭 渭	강물이 오염돼 있구나…
據 웅거할 거	뜻 의지하다 · 웅거하다 음 거 쓰는순서 扌 扩 扩 护 抻 據 據	그 근거가 어디에 있을까?
涇 경 수 경	뜻 물이름 · 통하다 음 경 쓰는순서 丶 冫 氵 汀 泾 涇 涇	앗! 공장의 폐수관이 강으로 통해있네…!

부위거경 위수는 떠있고 경수는 눌려 있어 장안은 서북쪽에 위천과 경수 두 물줄기가 있다.

수수방관 ➡ 아무 방법이 없어 팔장만 끼고 있다.

宮	뜻 궁궐·집 음 궁 쓰는순서 、宀宀宀宮宮宮宮	절 궁안에 들어서니 
집 궁		
殿	뜻 대궐·전각 음 전 쓰는순서 フ 尸 尸 屈 展 展 殿 殿	대웅전이 있고 
대궐 전		
盤	뜻 받침·쟁반 음 반 쓰는순서 月 月 舟 舟 般 般 盤	그안에는 큰 쟁반이 있는데 
서릴 반		
鬱	뜻 울창하다·빽빽하다 음 울 쓰는순서 木 梻 梻 櫛 鬱 鬱 鬱 鬱	그 위엔 울릉도 호박엿이 있더라…! 
답답 울		

궁전반울 궁전의 위치는 울창한 나무 사이에 정했다.

순망치한 ➡ 입술이 없어 이가 시리다.

樓 다락 루	뜻 다락·다락집 음 루 쓰는순서 一 十 杧 杧 桓 樓 樓	누상에 올라가서 
觀 볼 관	뜻 보다 음 관 쓰는순서 艹 吂 芇 萚 雚 觀 觀	망원경으로 관찰해 보니 
飛 날 비	뜻 날다 음 비 쓰는순서 乁 飞 飞 飛 飛 飛	이쪽으로 날아오는 것이 있다! 
驚 놀랄 경	뜻 놀라다 음 경 쓰는순서 艹 芍 苟 敬 驚 驚 驚	앗! 저건 비행접시 아냐? 

누관비경 궁전안에 물견대(物見台)는 매우 높은데 그곳에 올라가면 하늘을 나는듯 놀랬다.

시시비비 ➡ 옳고 그름을 가려내다.

圖 그림 　 도	뜻 그림 음 도 쓰는순서 丨 冂 冂 冏 冏 圖 圖	야 빨리와서 저걸 그리던가
寫 베낄 　 사	뜻 베끼다·본뜨다 음 사 쓰는순서 丶 宀 宀 宀 宀 寫 寫	사진을 찍던가 해라
禽 새 　 금	뜻 새·날짐승 음 금 쓰는순서 人 亽 今 今 禽 禽 禽	아니 새는 날아가고…!
獸 짐승 　 수	뜻 짐승·길짐승 음 수 쓰는순서 吅 留 嘂 嘼 嘼 獸 獸	큰 짐승으로 바뀌었네!!

 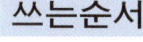 궁전 내부 벽화는 유명한 화가들이 새와 여러 짐승을 그리고 조각하여 장식했다.

신상필벌 ➡ 상과 벌을 공평하게 하다.

畫	뜻 그림·그리다 음 화·획 쓰는순서 フ ユ 크 킈 書 書 畵 畵	그림도 잘 그려야 하고 
그림 화 꾀할 획		
彩	뜻 채색·광채 음 채 쓰는순서 ノ ㅛ ㅛ 쭈 采 采 彩 彩	채색도 잘해야 하고 
채 색 채		
仙	뜻 신선 음 선 쓰는순서 ノ 亻 仁 仙 仙	신선이라도 나올듯… 
신 선 선		
靈	뜻 신령·영혼 음 령 쓰는순서 亠 雨 雪 霛 霛 靈 靈	영혼이 깃들어져야 좋은 그림이지… 
신 령 령		

화채선령 궁전 벽화는 신선과 신령의 그림도 화려하게 채색되어 있다.

신언서판 ➡ 신체, 말투, 글씨, 얼굴을 말함.

丙	뜻 남녘 음 병 쓰는순서 一 丆 丙 丙 丙	병오년에 내가
남녘 병		

舍	뜻 집 음 사 쓰는순서 丿 人 厶 亼 슈 슈 舍 舍	사당동에 살았는데
집 사		

傍	뜻 곁 음 방 쓰는순서 亻 亻 伫 伫 倅 倅 傍 傍	내 방 곁에 사는
곁 방		

啓	뜻 열다·일깨우다 음 계 쓰는순서 丆 戶 产 所 所 啓 啓	계성여고 다니는 누나가 예뻤지…
열 계		

병사방계 신하와 병사들이 사용하는 문은 궁전내로 편리하게 들어오도록 꾸미었다.

신체발부 ➡ 머리카락 부터 발끝 까지를 말함.

甲 갑옷 갑	뜻 갑옷·껍질 음 갑 쓰는순서 丨 冂 曰 日 甲	이순신 장군 갑옷에는 
帳 장막 장	뜻 휘장·장막 음 장 쓰는순서 冂 巾 忄 帄 帐 帳 帳	많은 휘장이 달려있고, 
對 대답 대	뜻 마주보다·대답하다 음 대 쓰는순서 丷 业 뽀 뽈 뽈 對 對	그분은 절대적인 
楹 기둥 영	뜻 기둥 음 영 쓰는순서 一 十 木 柯 柯 楹 楹	이 나라의 기둥이셨지 … 

갑장대영 아름다운 휘장이 큰 기둥을 마주 보며 둘려저 있어 이곳에는 임금이 잠시동안 머물던 곳이다.

신출귀몰 ➡ 귀신과 같이 나타남을 말함.

肆 베풀 사	**뜻** 벌여놓다 · 베풀다 **음** 사 **쓰는순서** 「 王 圭 圭ヨ 圭ヨ 圭ヨ 肆	잔치를 크게 벌이셨군요… 
筵 자리 연	**뜻** 대자리 · 자리 **음** 연 **쓰는순서** ノ ト ケケ 竺 竺 筵 筵	어떻게 이렇게 큰 자리를 마련 하셨는지요…? 
設 베풀 설	**뜻** 베풀다 **음** 설 **쓰는순서** ニ 言 言 言 設	이런 자리를 베풀게 된것을 말씀드릴테니 
席 자리 석	**뜻** 자리 **음** 석 **쓰는순서** 亠 广 广 庐 庐 席 席	어서 자리에 앉으시죠… 

사연설석 연회장에는 자리를 베풀어 돗자리를 펼쳐 놓았다.

실사구시 ➡ 실제로 그 진상을 알아냄

鼓 북 고	뜻 북치다 음 고 쓰는순서 一 十 吉 吉 吉 壴 尌 鼓	맘껏 드시며 북도 치시고, 
瑟 비파 슬	뜻 악기 이름 음 슬 쓰는순서 丁 王 珏 珏 琴 瑟 瑟	비파도 뜯으시며 
吹 불 취	뜻 불다 음 취 쓰는순서 丨 口 口 口' 吖 吹 吹	그리고 참 이걸 불어 보시죠 
笙 저 생	뜻 생황(피리) 음 생 쓰는순서 丿 冫 亇 竹 竺 竿 笙	선비님의 피리 소리가 듣고 싶었습니다… 

고슬취생 연회할때에 북을 치고 비파를 뜯어가며 피리를 불면 잔치는 풍류이다.

십상팔구 ➡ 열가지 중에서 여덟이나 아홉가지

陞

- 뜻 오르다
- 음 승
- 쓰는순서
  ` ｀ ３ ｒ ｒ-阢 陟 陞

오를 승

보물을 찾으려면 윗층으로 올라가서…

階

- 뜻 층계·뜰
- 음 계
- 쓰는순서
  ３ ｒ ｒ- 阝ｨ 阝ｷ 陛 階 階

뜰 계

다시 계단이 있는데 그리 올라가면

納

- 뜻 드리다·바치다
- 음 납
- 쓰는순서
  ᙙ ᙘ 糸 糹 紅 納 納

바칠 납

출납구 바로앞에

陛

- 뜻 섬돌
- 음 폐
- 쓰는순서
  ３ ｒ 阝ｨ 阝ｷ 阝ｾ 陛 陛

섬 돌 폐

섬돌옆을 파면 보물이 있지 … 없네…

승계납폐 임금님께 납폐하는 절차는 문무백관이 계단으로 올라가야 한다.

십시일반 ➡ 여러사람이 모아 한 사람을 돕다.

弁

뜻 고깔·관
음 변
쓰는순서
ㄴ ㅅ ㅅ 후 弁

고 깔 　 변

그는 고깔을 벗어버리고

轉

뜻 구르다·돌다
음 전
쓰는순서
ㅁ 白 軒 軒 轉 轉

구 를 　 전

운전사로 들어갔다…

疑

뜻 의심
음 의
쓰는순서
ㅣ ㄴ ㅌ 돗 퇓 疑 疑

의심할 　 의

아니 자네가 왜 직업을 바꾸었나…?

星

뜻 별
음 성
쓰는순서
曰 曰 曰 른 早 星 星

별 　 성

명예란 밤하늘에 별 같은 것. 내 길을 찾은것 뿐이지…

변전의성 백관이 쓴 관에 장식한 구슬이 움직일 때에는 그 모습이 하도 번쩍거려 별인가 의심할 정도였다.

아비규환 ➡ 말할 수 없을 정도의 참상

右	뜻 오른쪽 음 우 쓰는순서 一ナ大右右	이리가면 우측으로 
오른쪽 우		
通	뜻 통하다 · 다니다 음 통 쓰는순서 マ 丙 甬 甬 甬 通	통하는 긴 터널이 있어… 
통할 통		
廣	뜻 넓다 · 널리 음 광 쓰는순서 亠 广 广 庐 庐 廣 廣	그걸 지나면 넓은 뜰이있고 
넓을 광		
内	뜻 안 · 속 음 내 쓰는순서 丨 冂 内 内	내실이 있어 거기야… 거긴 바로 내집야… 
안 내		

우통관내 임금의 비서를 두는 집은 광내전인데 오른편으로 통하도록 하였다.

아전인수 ➡ 자신의 논에만 물을 댄다는 말

左	뜻 왼쪽 음 좌 쓰는순서 一ナ左左左	가보니까 통로가 좌측에 있더라… 
왼 좌		
達	뜻 통달하다·깨닫다 음 달 쓰는순서 一土去查幸幸達	넌 지리에 통달 하려면 아직 멀었어… 
통달할 달		
承	뜻 잇다·받들다 음 승 쓰는순서 フ了了手承承承	도목자리를 이어 받으려면 
이을 승		
	뜻 밝다 음 명 쓰는순서 丨冂月日明明明	지리에 밝아야… 알았어? 
밝을 명		

좌달승명 사기를 교열하는 집은 승명인데 이곳은 왼쪽으로 통달하도록 하였다.

안빈낙도 ➡ 비록 가난 하지만 도를 즐긴다.

旣 이미 기	뜻 이미 음 기 쓰는순서 ` ㅋ 阝 皀 皀 皀 旣 旣	기왕에 골동품을 
集 모을 집	뜻 모으다 · 모이다 음 집 쓰는순서 亻 亻 亻 佳 隹 隼 集	수집 하려면 
墳 무덤 분	뜻 무덤 음 분 쓰는순서 一 十 士 圠 圠 圠 墳 墳	남의 무덤만 팔게 아니라… 앗! 우리 조상묘를…? 
 법 전	뜻 법 · 기준 음 전 쓰는순서 丨 冂 曲 曲 曲 典 典	전당포에 있는 물건을 사는 게 싸지… 

기집분전 이미 여기에 삼분과 오전을 모아 놓았는데, 삼황의 글은 삼분이고 오제의 글은 오전이다.

애지중지 ➡ 사랑하고 귀중하게 여기다.

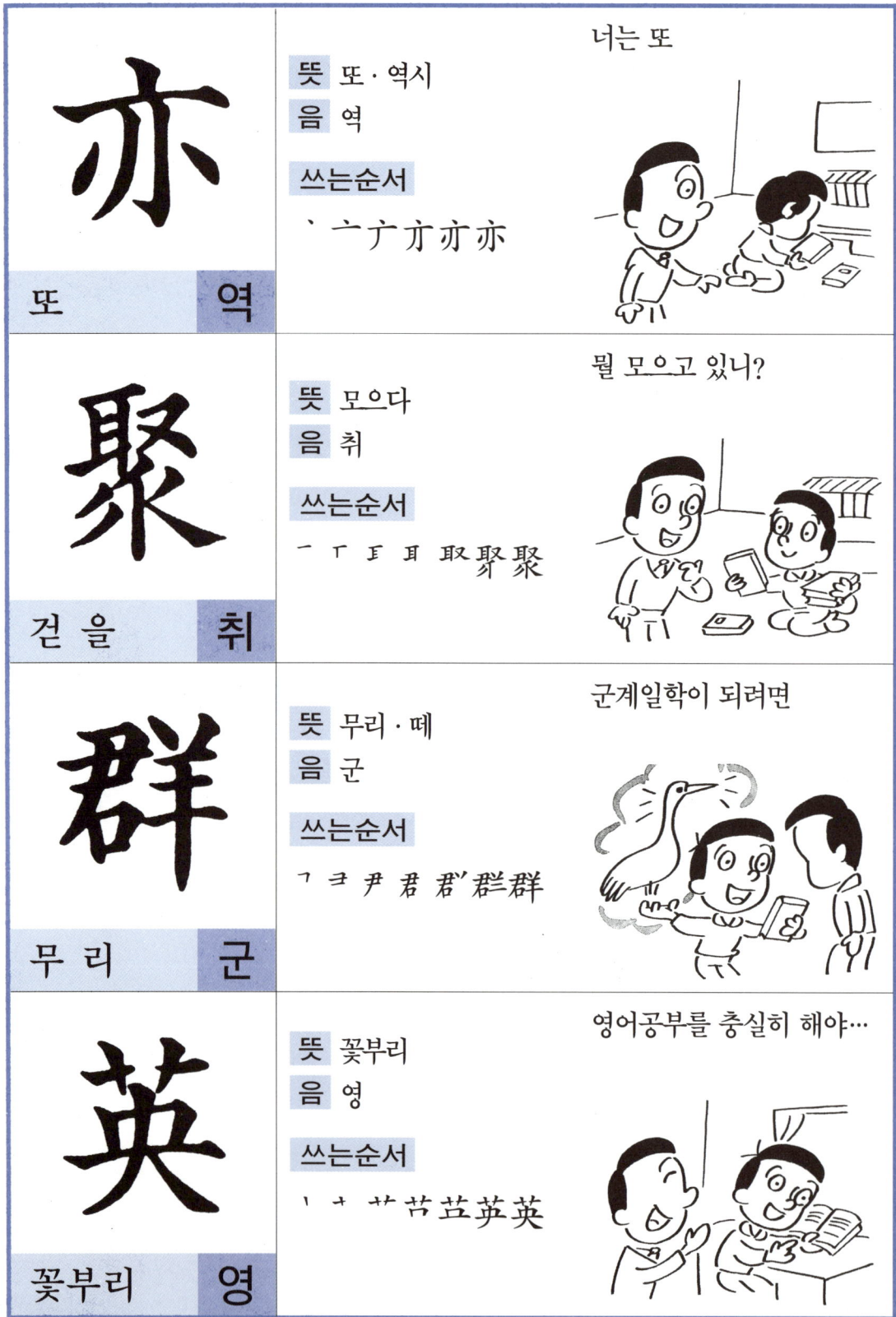

亦	뜻 또·역시 음 역 쓰는순서 丶 亠 ㅜ 亣 亦 亦	너는 또
또 역		

聚	뜻 모으다 음 취 쓰는순서 一 丅 耳 耳 取 聚 聚	뭘 모으고 있니?
걷을 취		

群	뜻 무리·떼 음 군 쓰는순서 ㄱ ㅋ 尹 君 君 君' 群 群	군계일학이 되려면
무리 군		

英	뜻 꽃부리 음 영 쓰는순서 一 十 艹 苎 英 英 英	영어공부를 충실히 해야…
꽃부리 영		

역취군영 또한 여러 영웅을 모아 분전을 강론하여 나라를 다스리는 도를 밝히었다.

양두구육 ➜ 양의 머리를 걸어놓고 개고기를 판다.

杜

뜻 막다 · 아가위나무
음 두
쓰는순서
一 十 才 木 木 杜 杜

막을 두

두견새 슬피우는 2월8일밤 석가모니는

藁

뜻 볏집
음 고
쓰는순서
艹 芇 茜 蒿 藁 藁 藁

집 고

볏집 울타리를 넘어

鍾

뜻 쇠북 · 술잔
음 종
쓰는순서
丿 누 金 金 鉑 鍾 鍾

쇠북 종

새벽종 소리가 울리기 전에

隷

뜻 종 · 글씨
음 예
쓰는순서
一 士 圭 圭 圭 隸 隷

종(글씨) 예

종 한사람과 설산으로 도를 닦으러 떠났죠…

두고종예 최초에 초서를 쓴 두고와 예서의 종래의 글씨도 비치되었다.

양상군자 ➡ 도둑을 뜻한다. 대들보 위의 군자

漆	뜻 옻칠·캄캄함 음 칠 쓰는순서 氵 氵 沐 浂 漆 漆 漆	칠흑같은 밤에
옻칠 칠		
書	뜻 글·문서 음 서 쓰는순서 フ 彐 클 圭 書 書 書	서당에서 나오다보니
글 서		
壁	뜻 벽 음 벽 쓰는순서 フ 尸 吕 启 辟 辟 壁	앗! 벽이 가로막혔네!
벽 벽		
經	뜻 경서·글 음 경 쓰는순서 幺 乡 糸 糸 經 經 經	귀신도 경문에 막힌다더니… 같이가자…
글 경		

칠서벽경 공자가 발견한 육경과 한나라 영제가 돌벽에서 발견한 서골까지 비치되었다.

어두육미 ➡ 생선은 머리, 짐승은 꼬리가 맛있다.

府 마을 부	뜻 마을·창고 음 부 쓰는순서 ` 一 广 厂 庐 府 府	창고에 가보니… 
羅 벌릴 라	뜻 벌이다·비단 음 라 쓰는순서 罒 罒 罙 罗 罗 罖 羅	앗! 비단한필이 없어졌네…! 
將 장수 장	뜻 장수·장차 음 장 쓰는순서 丨 丬 丬 丬ク 丬タ 將 將	장수에게 물어보니 
相 서로 상	뜻 서로·보다 음 상 쓰는순서 一 十 才 和 相 相 相	서로 모른다고 하더라… 

부라장상 관청에서 조회를 할때면 언제나 장수와 정승이 벌려 있다.

어부지리 ➡ 서로 다투는 사이에 제 삼자만 득을 본다.

路 길 로	뜻 길 음 로 쓰는순서 口 𠯋 𠯋 모 趵 趵 路 路	종로에는 옛날에
俠 낄 협	뜻 끼다 음 협 쓰는순서 亻 亻 亻 亻 俠 俠 俠	협객들이
槐 괴화 괴	뜻 회나무 음 괴 쓰는순서 一 木 木 木 柙 槐 槐	충북 괴산에서
卿 벼슬 경	뜻 벼슬 음 경 쓰는순서 丨 乊 乊 乊 剆 卿 卿	벼슬을 하러 온 사람을 괴롭혔지…

노협괴경 큰 길에서 고관인 삼공구경이 마차를 타고 궁전으로 들어가는 모습이다.

어불성설 ➡ 말의 앞뒤가 맞지 않음.

호봉팔현 한나라가 천하를 통일하고 팔현을 두어 공신을 봉하였다.

언어도단 ➡ 말로 답변 수도 없다.

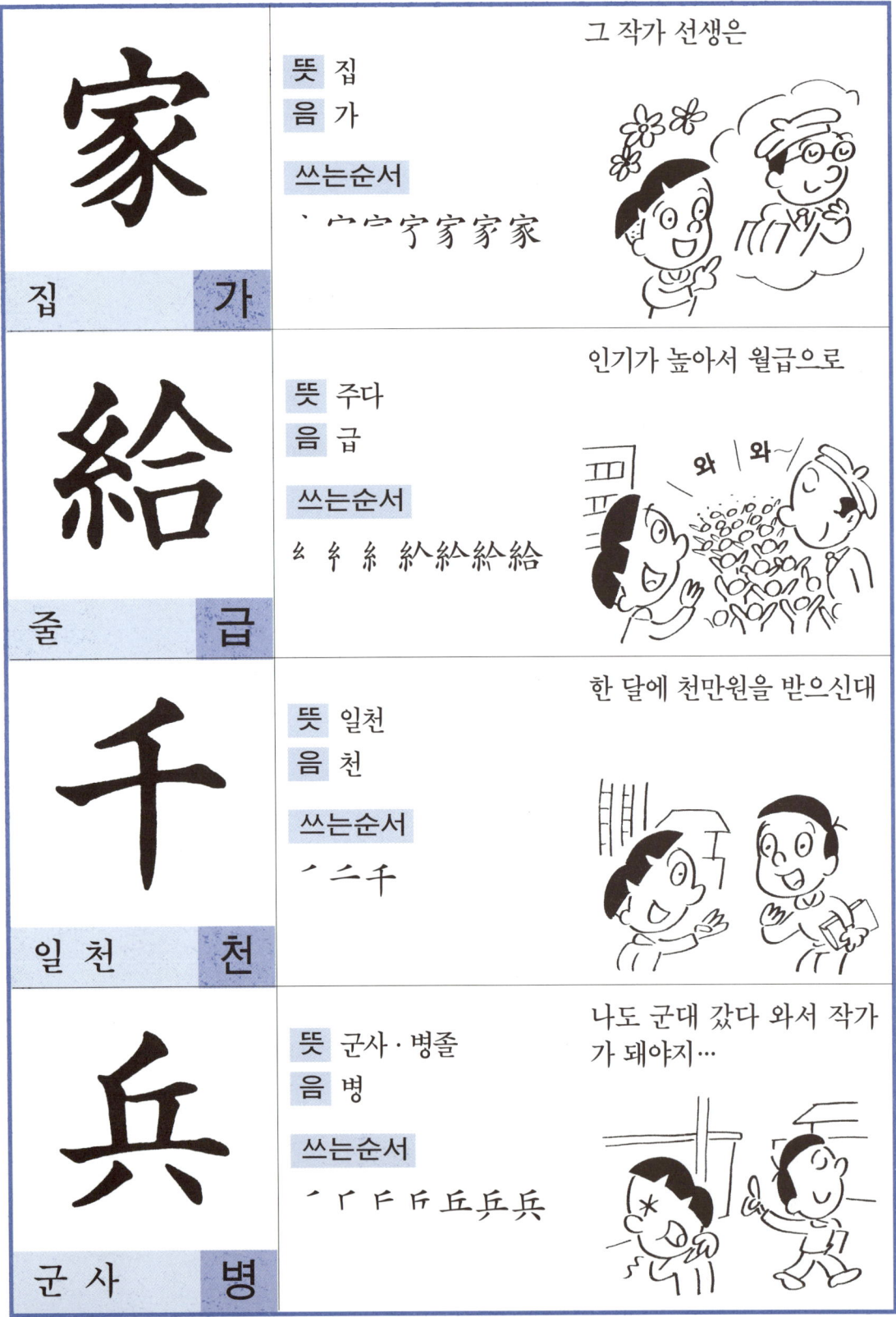

집 가	뜻 집 음 가 쓰는순서 丶宀宀宀宁家家家	그 작가 선생은
줄 급	뜻 주다 음 급 쓰는순서 幺 幺 糸 糽 給 給 給	인기가 높아서 월급으로
일천 천	뜻 일천 음 천 쓰는순서 丿 二 千	한 달에 천만원을 받으신대
군사 병	뜻 군사·병졸 음 병 쓰는순서 丿 丆 斤 斤 丘 兵 兵	나도 군대 갔다 와서 작가가 돼야지…

가급천병 제후 나라에 일천명의 군사를 지원하여 그집을 호위하도록 하였다.

언중유골 ➡ 말속에 뼈가 있는 듯하다.

高 높을 고	뜻 높다 음 고 쓰는순서 亠 亠 古 古 高 高 高	고등학교에 들어가니
冠 갓 관	뜻 갓·관 음 관 쓰는순서 冖 冖 冖 元 元 冠 冠	어른이 된 기분인데…
陪 모실 배	뜻 돕다·모시다 음 배 쓰는순서 阝 阝 阡 阤 陪 陪 陪	야! 나를 알아 모셔라
輦 연 련	뜻 임금의 수레 음 련 쓰는순서 二 扌 抙 扶 替 替 輦	형님 그럼 이 수레를 타세요…

소관배련 제후에게 예를 올릴 때에는 높은 관을 쓰고 천자의 수레를 모시었다.

여필종부 ➜ 아내는 남편에게 순종한다.

驅 몰 구	뜻 몰다·달리다 음 구 쓰는순서 丨 ㄏ ㄐ 馬 馬 馬 駆 驅	포수가 개를 몰고 
轂 바퀴 곡	뜻 바퀴·수레 음 곡 쓰는순서 士 吉 吉 亭 夤 轂 轂	수레 바퀴 자리를 따라갔다 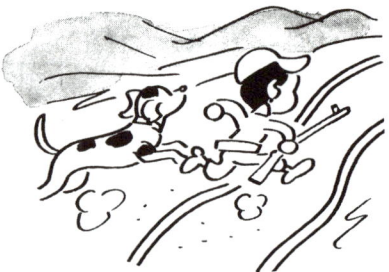
振 떨칠 진	뜻 떨치다·떨다 음 진 쓰는순서 一 扌 扩 护 护 振 振	갑자기 개는 앞발을 파르르 떨더니 
纓 끈 영	뜻 끈·갓끈 음 영 쓰는순서 幺 糸 糽 絅 纓 纓	모자 끈이 풀린 나를 쳐다 봤다… 

구곡진영 수레가 달릴때에 갓끈이 위엄있게 떨치니 임금의 행차에 위엄이 더해 보였다.

연목구어 ➡ 나무에서 생선을 구한다.

世 인 간　세	뜻 세상·인간 음 세 쓰는순서 一十卅丗世	세상에 이럴수가… 
祿 　록	뜻 급료·녹 음 록 쓰는순서 二 禾 衤 衤 衤 祷 祷 祿	국가에 녹을 먹는 사람들이 
侈 사치할　치	뜻 사치하다 음 치 쓰는순서 亻 亻 亻 侈 侈 侈 侈	사치를 하고… 저건 싸구려야… 
富 　부	뜻 부자·넉넉함 음 부 쓰는순서 宀 宀 宀 宮 宮 富 富	치부를 하다니…?! 

세록치부 대대로 녹이 사치하고 부유하니 제후 자손이 관록을 대대로 무성하게 이어가라.

오리무중 ➡ 안개가 오리까지 끼어있다.

車	뜻 수레 음 거 쓰는순서 一 ㄏ ㄅ 丆 盲 亘 車	옛날엔 자동차가 없어서
수레 거 수레 차		
駕	뜻 가마·멍에 음 가 쓰는순서 フ カ 加 加 智 駕 駕	가마를 타고 다녔고 앗! 똑똑히 끌었!
멍에 가		
肥	뜻 살찌다·거름 음 비 쓰는순서 丿 几 月 肝 肥 肥 肥	살찐 사람이 없어서 교통이 덜 붐볐고
살찔 비		
輕	뜻 가볍다 음 경 쓰는순서 一 ㄇ 亘 車 車 輕 輕	남을 경시하는 풍조도 없었 지…
가벼울 경		

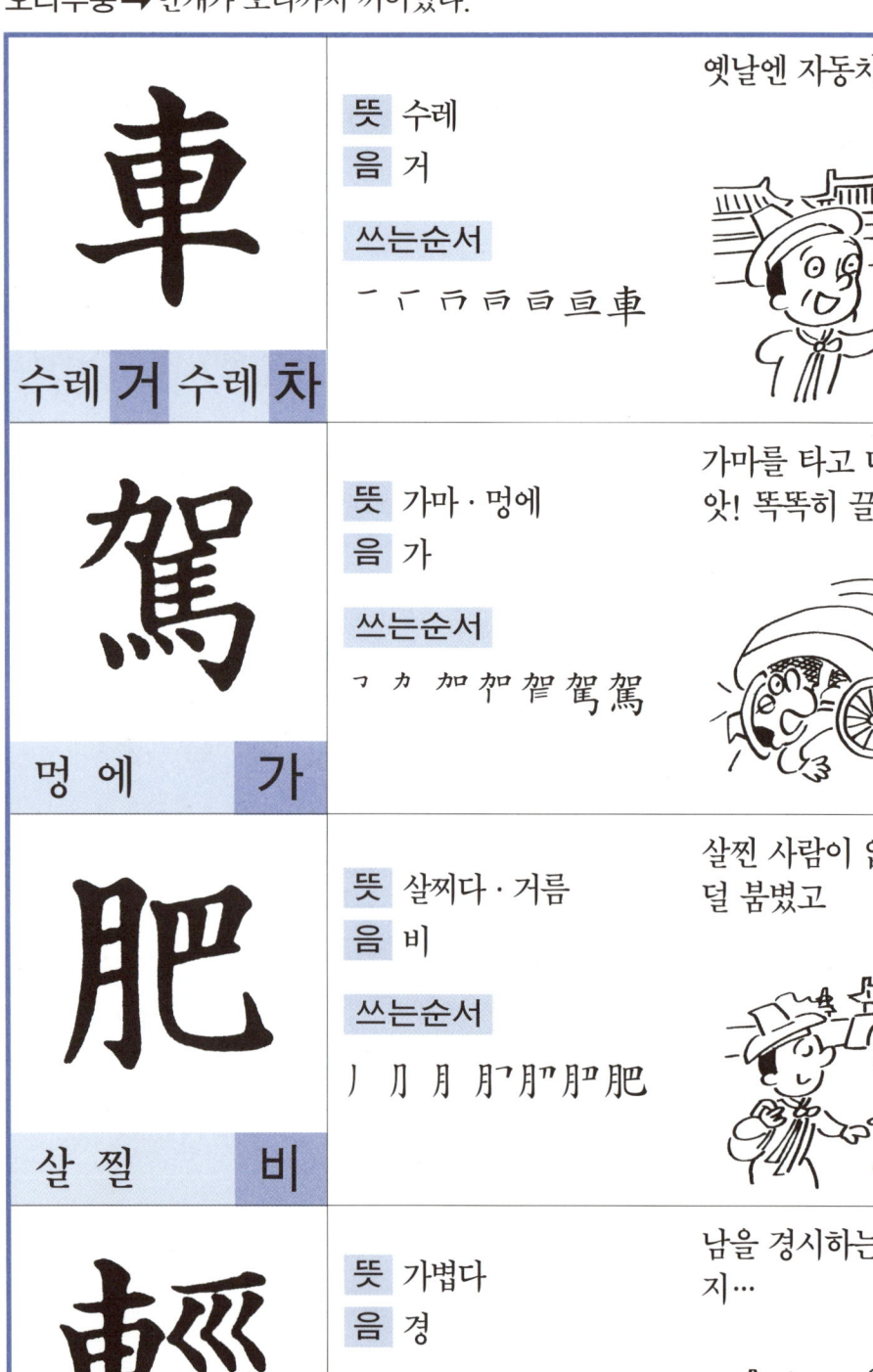

거가비경 수레말은 점점 살찌고 의복은 더욱 가볍게 차려져 있다.

오만불손 ➡ 교만 하기만 하고 공손하지 않음.

策 꾀 / 책	뜻 꾀·계책 음 책 쓰는순서 丿 ｀ 竺 竺 竺 笋 策	너 등산 길이 어디 있는지 아니? 꾀부리지마...
功 공 / 공	뜻 공 음 공 쓰는순서 一 丅 工 エ丿 功	나도 공부할 만큼 했어
茂 무성할 / 무	뜻 무성하다 음 무 쓰는순서 丨 ┼ 艹 艹 艿 茂 茂	난 등산인으로 무성한 숲 속에 있는
實 열매 / 실	뜻 열매·사실 음 실 쓰는순서 宀 宀 宀 宜 実 實 實	정상에 갔다온 실적이 있지... 미안...

책공무실 공신들의 공을 보면 나날이 무성하고 충실하였다.

오매불망 ➡ 자나깨나 잊은적이 없다.

勒	뜻 굴레·억지로 음 륵 쓰는순서 一 艹 艹 芇 苩 靪 勒	억지로 사람들은 
굴레 륵		
碑	뜻 비석 음 비 쓰는순서 丁 石 矼 砢 砷 碑 碑	그의 비석을 끌어내리고 
비석 비		
刻	뜻 새기다 음 각 쓰는순서 一 亠 亥 亥 亥 刻 刻	거기에 새겨진 글자를 짓밟았다… 
새 길 각		
銘	뜻 기록하다 음 명 쓰는순서 丿 노 金 釒 釒 釒 釒 銘	명심해야 한다. 못된자의 말로가 얼마나 비참한가를… 
새 길 명		

늑비각명 비석을 세워 그곳에 그의 이름을 새겨 공로를 후세에 전하였다.

오비이락 ➡ 까마귀가 날자마자 배가 떨어짐.

磻 돌 반	뜻 돌·시냇물 음 반 쓰는순서 一 石 石 石⺊ 石⺊ 石⺊番 磻	시냇물이 흐르는 조용한 야외가 어디지…?
溪 시내 계	뜻 시내 음 계 쓰는순서 丶 氵 氵⺈ 氵⺈ 溪 溪 溪	그럼 청계산이 좋지요…
伊 저 이	뜻 저·어조사 음 이 쓰는순서 亻 亻⺈ 亻⺈ 亻⺈ 伊	거기가면 외국 사람도 있고
尹 맏 윤	뜻 바르다·맏다 음 윤 쓰는순서 フ ユ ヨ 尹	윤씨도 있대요… 뻥이야…!

반계이윤 문왕이 반계에서 강태공을 맞이하고 은왕이 신야에서 이윤을 맞이했다.

오십보백보 ➡ 조금도 차이가 없어 보인다.

佐	뜻 돕다 음 좌 쓰는순서 ノ イ イ' 仁 仕 佐 佐	독립투사 김좌진장군은
도울 좌		
時	뜻 때·철 음 시 쓰는순서 丨 日 日' 旷 旿 時 時	새벽 3시에 일어나
때 시		
阿	뜻 언덕 음 아 쓰는순서 ㄱ 阝 阝' 阿 阿 阿 阿	언덕을 넘으시고
언덕 아		
衡	뜻 저울·평평함 음 형 쓰는순서 彳 彳' 彳" 徉 徸 衡	평평한 들판을 산책 하셨지
저울대 형		

좌시아형 아형은 상나라 재상의 칭호이다. 아형은 위급한 때에 도와 공을 세워 벼슬에 올랐다.

오월동주 ➡ 서먹서먹한 사이인데 한 배를 탔다.

奄 문득 엄	뜻 문득·매우 음 엄 쓰는순서 一 大 夲 奄 奄	…뭐드라? 아 문득 생각났다…
宅 집 택	뜻 집 음 택 쓰는순서 、 宀 宁 宅 宅	저댁에서 지금
曲 굽을 곡	뜻 굽다·가락 음 곡 쓰는순서 l 冂 巾 曲 曲 曲	흘러 나오는 곡은
阜 언덕 부	뜻 언덕·둔덕 음 부 쓰는순서 ノ 冂 冂 白 皁 阜 阜	'폭풍의 언덕' 주제가 였구나…

엄택곡부 주공의 공로를 보답하는 마음으로 노나라를 봉한 후 곡부에 궁전을 세웠다.

오합지중 ➡ 까마귀의 모임같이 질서없이 모여있다.

微 작을 미	뜻 아니다 · 작다 음 미 쓰는순서 彳彳彳彳微微微	현미경을 가지고
旦 이를 단	뜻 아침 · 이르다 음 단 쓰는순서 丨 冂 冃 日 旦	아침 일찍 일어나
孰 누구 숙	뜻 누구 · 무엇 음 숙 쓰는순서 亠 咅 亨 享 孰 孰 孰	누구네 집을 살펴볼까?
營 경영 영	뜻 경영 음 영 쓰는순서 丶 丷 ⺀ 炏 炏 營 營	아 저집은 일찍 영업을 시작했네! 사먹으로 가야지…

미단숙영 주공의 단이 아니였다면 어찌 큰 궁전을 세울 수 있었겠는가.

온고지신 ➡ 옛것을 존중하게 여겨 새것을 알다.

桓 굳셀 환	뜻 씩씩하다·굳셈 음 환 쓰는순서 一 十 木 朩 栢 桓 桓	참으로 씩씩한 젊은이오…
公 귀 공	뜻 벼슬·귀함 음 공 쓰는순서 丿 八 公 公	내딸 공주와 혼인해 주겠오…?
匡 바를 광	뜻 바르다 음 광 쓰는순서 一 二 丆 王 匡 匡	저는 장차 이나라를 바로 잡고, 이웃 나라와도
合 모을 합	뜻 합하다 음 합 쓰는순서 丿 八 人 合 合 合	화합한 후에… 난 그럼 할머니가 되라구요…?

환공광합 제나라 환공은 바르게 하여 제후를 모았고 초나라를 물리쳐 난을 바로잡았다.

와신상담 ➡ 복수를 하려고 고생을 참는다.

濟 건 널 　제	뜻 건너다·구제하다 음 제 쓰는순서 氵 氵 氵 浐 浐 浐 濟 濟	제주도에 가보니
弱 약 할 　약	뜻 약하다 음 약 쓰는순서 ⁻ ㄱ 弓 弓 弓 弱 弱	약한사람도 없고
扶 붙 들 　부	뜻 도우다·붙들다 음 부 쓰는순서 一 十 才 扌 扌 扶 扶	주민들의 도움으로
傾 기 울 　경	뜻 기울어짐 음 경 쓰는순서 亻 个 化 俨 価 倾 傾	경사진 길이 하나도 없더라

제약부경　약한 나라를 구제하고 기울어져 가는 나라는 도와서 권위를 올렸다.

요령부득 ➜ 필요한 것들을 얻지 못하다.

한자	뜻	음	쓰는순서
綺 (비단 기)	비단·아름답다	기	幺 糸 糹 糹 結 結 綺
回 (돌아올 회)	돌아오다	회	丨 冂 冂 冋 回 回
漢 (한수 한)	한수·중국	한	氵 氵 氵 漢 漢 漢 漢
惠 (은혜 혜)	은혜	혜	一 亠 吉 車 軎 惠 惠

말풍선: 그 선생님은 아름다웠던 / 옛날을 회상하시면서 / 한강을 건너서 / 혜화동 쪽으로 가셨지……

기회한혜 한나라의 네 현인중의 한 사람인 기가 한나라 혜제를 회복시킨 것이다.

요산요수 ➡ 지혜있는 자는 물을, 어진자는 산을 좋아함.

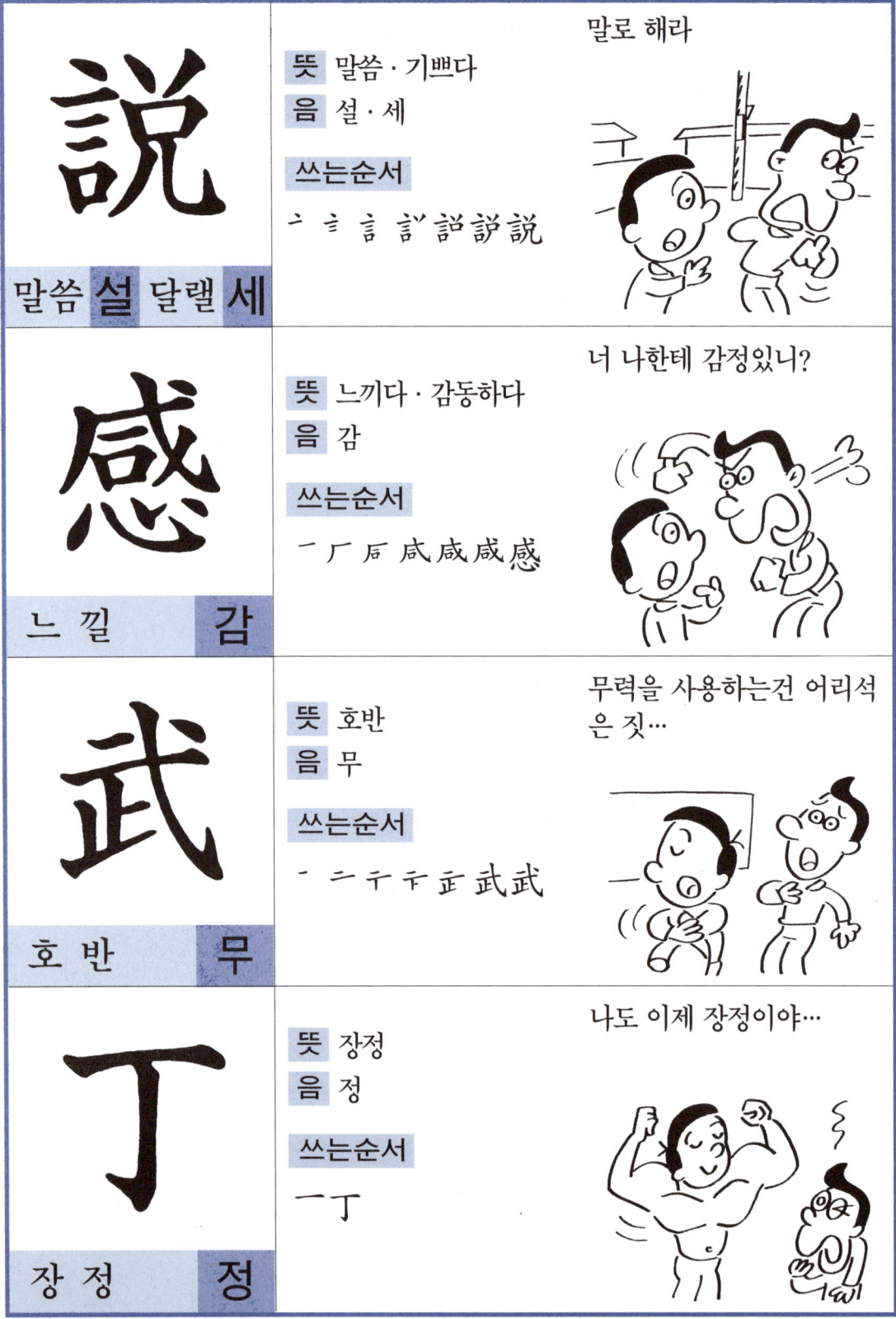

說 말씀 설 달랠 세	뜻 말씀·기쁘다 음 설·세 쓰는순서 ㅡ ㅠ 言 言 訝 訝 說	말로 해라
感 느낄 감	뜻 느끼다·감동하다 음 감 쓰는순서 ㅡ 厂 厃 咸 咸 咸 感	너 나한테 감정있니?
武 호반 무	뜻 호반 음 무 쓰는순서 ㅡ ㅡ 二 午 午 正 武 武	무력을 사용하는건 어리석은 짓…
丁 장정 정	뜻 장정 음 정 쓰는순서 ㅡ 丁	나도 이제 장정이야…

설감무정 부열이 들에서 역사를 함에 무정의 꿈에 설득되어 곧 정승의 자리에 올랐다.

용두사미 ➡ 용의 머리 였으나 뱀의 꼬리와 같이 없어짐.

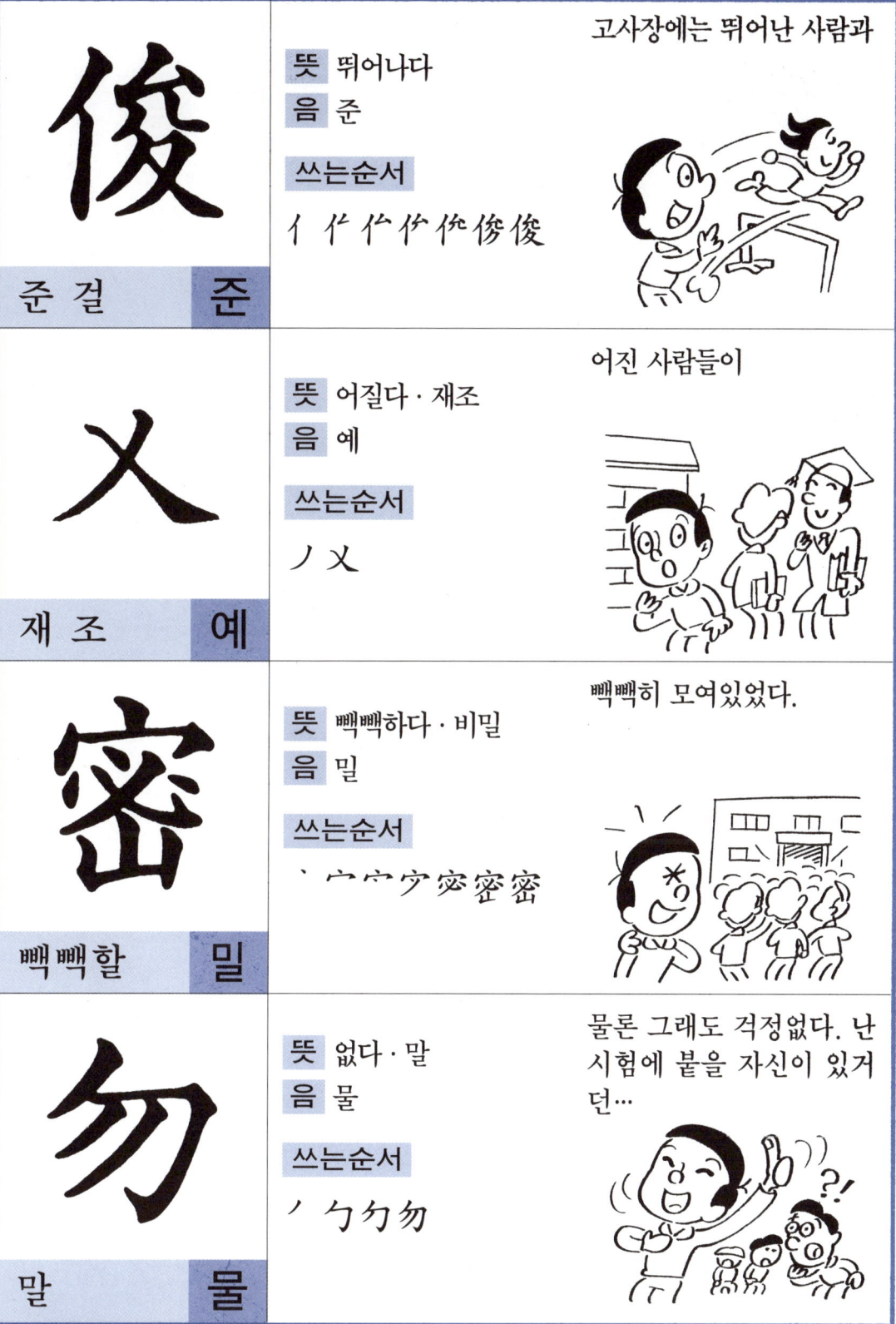

준예밀물 준걸 즉, 뛰어난 사람과 재사 즉, 어진 사람이 조정에 모여들어 빽빽하더라.

우이독경 ➡ 헛된 일들, 쇠귀에 경을 읽는다.

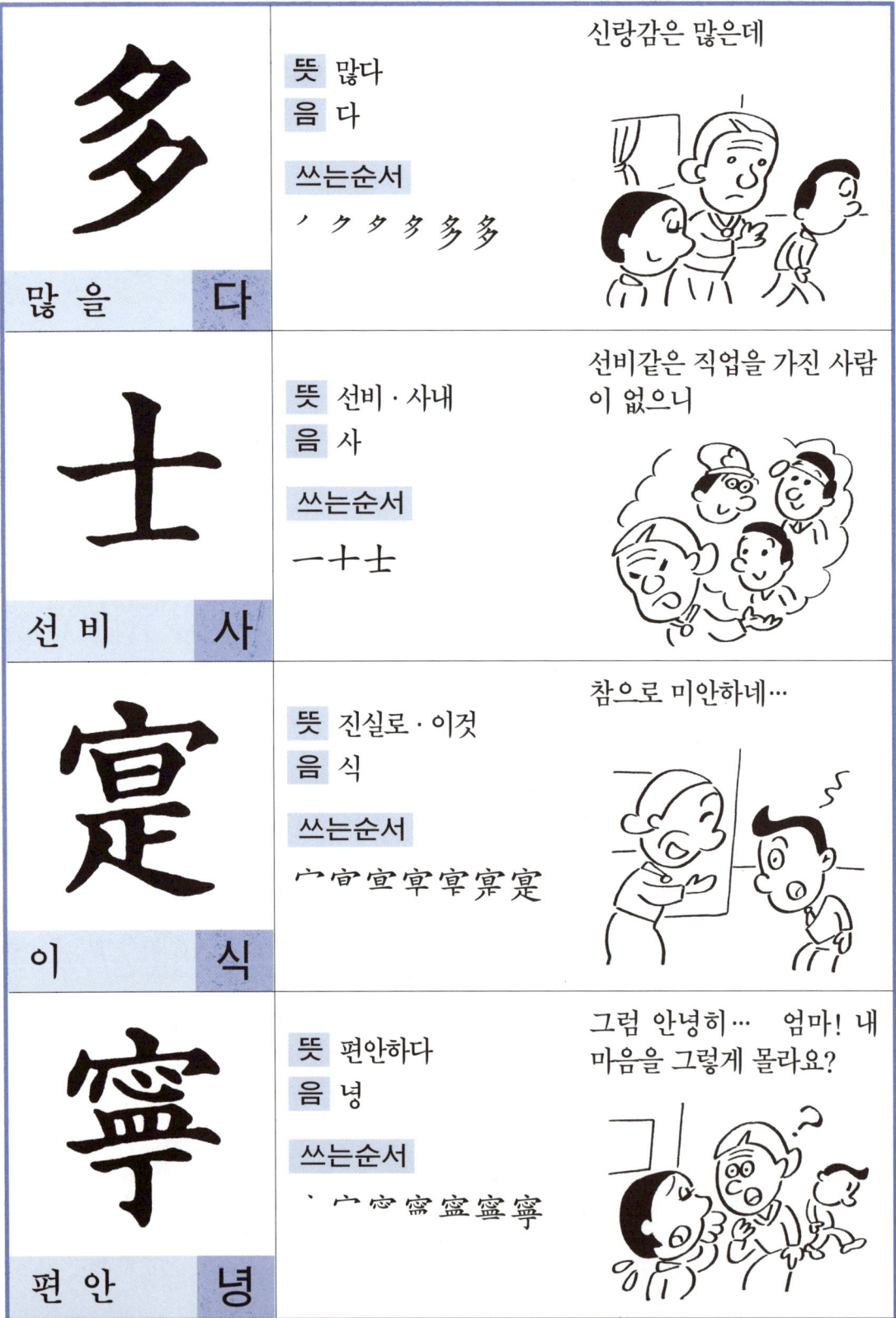

한자	뜻/음/쓰는순서	설명
多 (많을 다)	뜻: 많다 / 음: 다 / 쓰는순서: ⺈ ク 夕 多 多 多	신랑감은 많은데
士 (선비 사)	뜻: 선비·사내 / 음: 사 / 쓰는순서: 一 十 士	선비같은 직업을 가진 사람이 없으니
寔 (이 식)	뜻: 진실로·이것 / 음: 식 / 쓰는순서: 宀 宀 宣 宧 宧 宩 寔	참으로 미안하네…
寧 (편안 녕)	뜻: 편안하다 / 음: 녕 / 쓰는순서: 丶 宀 宓 寍 寍 寧 寧	그럼 안녕히… 엄마! 내 마음을 그렇게 몰라요?

다사식녕 조정에는 바른 선비들이 많으니 국가는 태평하였다.

우자일득 ➡ 어리석은 자도 경우에 따라 좋은 생각을 함.

| 晋 나라 진 | 뜻 진나라
음 진
쓰는순서
一 丅 丌 굠 晋 晋 晋 | 진나라 나와라!
 |

| 楚 나라 초 | 뜻 초나라
음 초
쓰는순서
一 十 木 林 林 林 楚 楚 | 이거 사면초가 구나 어디갔나?
 |

| 更 다시 갱 | 뜻 고치다·다시
음 갱·경
쓰는순서
一 丆 币 呑 更 更 更 | 내가 이겼다… 야 다시 하자!
 |

| 覇 으뜸 패 | 뜻 으뜸·우두머리
음 패
쓰는순서
覀 覀 覂 覇 覇 覇 | 내가 이겼는데 무슨소리…?!
 |

진초갱패 진나라 문공과 초나라 정왕이 다시 패권을 잡은 것은 정사를 어질게 펼쳤기 때문이다.

우후죽순 ➡ 비온뒤에 대나무 순이 마구 자란다.

趙	뜻 조나라 음 조 쓰는순서 一 十 キ 走 走' 趙 趙	조나라를 조심해야… 
나라 조		
魏	뜻 위나라 음 위 쓰는순서 二 禾 委 娄 婁 魏 魏	받아라… 아니? 위나라는 위로 올라가네… 
나라 위		
困	뜻 곤하다 · 가난하다 음 곤 쓰는순서 丨 冂 冂 用 用 困 困	이거참 곤란한데… 
곤할 곤		
橫	뜻 가로 · 비낄 음 횡 쓰는순서 一 木 杧 栌 梼 橫 橫	애라 가로질러 가자… 
비낄 횡		

조위곤횡 조나라와 위나라는 횡에 곤하였다. 육국 때에 진나라를 섬기는 것을 횡이라고 하였다.

위기일발 → 매우 위급한 상태

假	뜻 거짓 음 가 쓰는순서 亻 亻 俨 俨 俨 假	 이렇게 거짓으로 세상을 사느니
거짓 가		
途	뜻 도중·길 음 도 쓰는순서 人 亼 슾 今 余 余 途	 이만 도중 하차 하고
길 도		
滅	뜻 멸망·없어짐 음 멸 쓰는순서 氵 氵 沪 沪 派 滅 滅	 내 스스로 없어져야지… 나 같은건
멸할 멸		
虢	뜻 ·괵나라 음 괵 쓰는순서 ⺀ ⺁ 乎 乎 乎 虢 虢	 이 나라에 필요없어… 앗! 참으세요!
나라 괵		

 **가도멸괵** 길을 빌려서 괵국을 멸망시켰다. 길을 빌려준 우국도 멸망을 당하였다.

유명무실 ➡ 이름 뿐이고 보이는 것이 없음

한자	뜻·음	쓰는순서
践 (밟을 천)	뜻 밟다 / 음 천	ㅁ ㅁ ㅁ 탐 践 践 践
土 (흙 토)	뜻 흙 / 음 토	一 十 土
會 (모일 회)	뜻 모이다 / 음 회	人 스 슫 슮 會 會 會
盟 (맹세 맹)	뜻 맹세 / 음 맹	ㅣ 日 明 明 明 盟 盟

천토회맹 진나라의 문공이 천토에서 제후를 모아놓고 맹세하기를 협천자영을 제후라고 하였다.

유아독존 ➔ 나보다 더 잘난 자가 없다.

하준약법 소하는 한고조와 더불어 약법 삼장을 정하여 준수하리라.

유언비어 ➡ 아무 근거도 없는 일에 떠도는 말

韓	뜻 한나라 음 한 쓰는순서 一 十 古 卓 卓 韓 韓 韓	한국에 거주하는 외국사람들 중엔 더러 
나라 / 한		
弊	뜻 해침·나쁘다 음 폐 쓰는순서 丨 丬 帯 带 敝 敝 弊	법을 어기는 폐단이 있지요… 
해질 / 폐		
煩	뜻 번거롭다 음 번 쓰는순서 丶 火 灯 灯 炉 煩 煩	무질서 하게 건널목을 번거롭게 다니다가 
번거 / 번		
刑	뜻 형벌 음 형 쓰는순서 一 二 干 开 开 刑	교통법규를 어겨 벌을 받을 수도 있죠… 
형벌 / 형		

한폐번형 한비는 진왕을 달래어 형벌을 시행하다가 도리어 자신이 그 형벌에 죽는다.

유종완미 ➜ 마지막을 깨끗이 하여 아름답다.

起 일어날 기	뜻 일어나다 · 시작하다 음 기 쓰는순서 一 圡 圮 走 起 起 起	어서 일어 나거라… 
翦 가위 전	뜻 가위 · 베다 음 전 쓰는순서 丷 䒑 亣 首 前 前 前	오늘 가위로 테이프를 끊는 날이다… 
頗 자못 파	뜻 치우치다 음 파 쓰는순서 一 厂 皮 皮 皮 皰 頗 頗	으하하– 그는 파안대소하며 
牧 칠 목	뜻 기르다 · 치다 음 목 쓰는순서 丿 亠 牛 牜 牜 牧 牧	그날부터 이 목장의 주인이 되었다… 

기전파목 백기와 왕전은 진나라의 장수이고 염파와 이목은 조나라의 장수였다.

은인자중 ➡ 인내 하면서도 조심하다.

用 쓸 용	뜻 쓰다 음 용 쓰는순서 ノ 冂 月 月 用	용무가 있어 왔습니다…!
軍 군사 군	뜻 군사 음 군 쓰는순서 冖 冖 冖 目 宣 軍	나를 상비군에 써주신다면
最 가장 최	뜻 가장·제일 음 최 쓰는순서 日 旦 무 무 星 最 最	최대의 실력을 발휘하여 한국의 최고 선수가 되는데
精 정할 정	뜻 정함·정성 음 정 쓰는순서 丷 斗 米 米 精 精	정진 하겠습니다. 좋았어!

용군최정 군사를 활용하는 전법을 최고로 정결하게 하였다.

음담패설 ➜ 음흉하고 상스러운 말

宣 베풀 선	뜻 베풀다 음 선 쓰는순서 丶丶宀宀宣宣宣宣	슈바이처 박사는 선교 활동을 하시러
威 위엄 위	뜻 위엄 음 위 쓰는순서 一厂厂厂反反威威	위엄있게
沙 모래 사	뜻 모래 음 사 쓰는순서 丶丶氵氵氵沙沙	모래가 반짝이는
漠 아득할 막	뜻 아득하다 음 막 쓰는순서 氵氵氵汁汁漠漠漠	사막을 걸어가셨지…

선위사막 장수로서 그 위엄은 멀리 사막에까지 떨치었다.

의기양양 ➡ 뜻대로 잘되어 기상이 팔팔하다.

馳	뜻 달리다 음 치 쓰는순서 丨 厂 馬 馬 馬 馳 馳	부지런히 달려 왔더니
달릴 치		
譽	뜻 기리다·칭찬 음 예 쓰는순서 ⺁ F 臼 臼 與 與 譽	영예의 일등을 차지 했구나
칭찬할 예		
丹	뜻 붉다 음 단 쓰는순서 丿 几 月 丹	그는 울긋불긋 아름다운
붉을 단		
青	뜻 푸르다 음 청 쓰는순서 一 十 龶 丯 青 青	단청집에서 상을 받았다…
푸를 청		

치예단청 그 명예를 생전뿐만 아니라 사후에도 전하기 위하여 초상을 기린 각에 그렸다.

이구동성 ➡ 말과 의견이 일치하다.

九 아홉 구	뜻 아홉 음 구 쓰는순서 ノ 九	아홉번째 올라가는데 
州 골 주	뜻 고을 음 주 쓰는순서 丶 丿 丿 州 州 州	그 고을 휴게소에 갔더니 
禹 임금 우	뜻 임금 음 우 쓰는순서 ノ 一 ㅁ 戶 肙 禹 禹	벌써 선배 우형이 
跡 자취 적	뜻 발자취 음 적 쓰는순서 丶 ㅁ 昱 趵 趵 跡 跡	먼저 다녀간 흔적이 있더라… 

구주우적 하우씨가 구주를 분별하였는데 구주는 기·연·청·서·양·형·예·옹·동이다.

이실직고 ➡ 사실, 있는 그대로 말하다.

百 일백 　 백	뜻 일백 음 백 쓰는순서 一 丆 丆 百 百 百	백문이 불여일견이라 했는데
郡 골 　 군	뜻 고을 음 군 쓰는순서 ㄱ ㅋ 尹 尹 君 君阝郡	그 고을 군수의 말은
秦 나라 　 진	뜻 진나라 음 진 쓰는순서 三 丰 夫 表 奉 秦 秦	진나라 때
幷 아우를 　 병	뜻 합하다 · 아우르다 음 병 쓰는순서 丶 丷 쓰 쓰 羊 幷	다른 절과 합한 사찰이지…

백군진병 진시황은 천하봉군하는 법을 폐지하고 일백군을 두었다.

이심전심 ➡ 마음과 마음이 서로 통하다.

嶽	뜻 산마루 음 악 쓰는순서 `丶 丄 屮 屮 嵡 嶽 嶽`	설악산 위로 올라가니 
산마루 　 악		
宗	뜻 으뜸·근본 음 종 쓰는순서 `丶 宀 宀 宀 宗 宗`	종교 사적지가 있구나… 
근본 　 종		
恒 	뜻 항상 음 항 쓰는순서 `丶 忄 忄 忄 恒 恒 恒`	저는 항상 고지를 다니며 
항상 　 항		
岱	뜻 터·산이름 음 대 쓰는순서 `亻 亻 代 代 代 岱 岱`	옛 절터를 답사할 예정입니다… 
뫼 　 대		

악종항대 오악은 동태, 서화, 남형, 북항, 중숭산인데 항산과 태산이 으뜸이다.

인명재천 ➡ 사람의 목숨은 오직 하늘에 있다.

禪	뜻 고요·터닦음 음 선 쓰는순서 一 ラ 禾 禮 禮 禮 禪
터닦을 선	

主	뜻 주인·임금 음 주 쓰는순서 丶 亠 二 宁 主
임금 주	

云	뜻 이를 음 운 쓰는순서 一 二 云 云
이를 운	

亭	뜻 정자 음 정 쓰는순서 亠 亠 亠 古 宫 宫 亭
정자 정	

선주운정 운과정은 천자를 봉선하고 제사하는 곳인데 운정은 태산에 있다.

인생칠십고래희 ➡ 70세까지 살기란 옛부터 드물다.

雁 기러기 안	뜻 기러기 음 안 쓰는순서 一 厂 厂 厈 鴈 鴈 鴈	기러기 떼가
門 문 문	뜻 문 음 문 쓰는순서 丨 冂 冂 冃 門 門 門	북문을 지나가니
紫 붉을 자	뜻 자주 빛·붉은 음 자 쓰는순서 丨 卜 止 此 此 紫 紫	자주빛 하늘도 어두워 지는 구나…
塞 변방 새 막을 색	뜻 막다·변방 음 새·색 쓰는순서 宀 宁 宲 実 寒 寒 塞	성문을 막아야겠다

안문자새 안문은 기러기도 넘지 못하는 산이고 자새는 만리장성을 말하는 것이다.

인산인해 ➡ 사람이 산과 바다 처럼 많이 모여있다.

한자	뜻/음	쓰는순서
鷄	뜻 닭 / 음 계	⺍ 쯧 奚 鷄 鷄 鷄 鷄
田	뜻 밭 / 음 전	丨 冂 日 田 田
赤	뜻 붉다 / 음 적	一 + 土 ナ 赤 赤 赤
城	뜻 성·재 / 음 성	一 十 圩 圹 城 城 城

계전적성 계전은 옹주에 있고, 적성은 기주에 있는 고을이다.

인자무적 ➡ 마음이 어진 자에게는 적이 없다.

昆 만 곤	뜻 맏·벌레 음 곤 쓰는순서 丨 口 日 尸 尸 昆 昆	곤충학자 파브르가 
池 못 지	뜻 못 음 지 쓰는순서 丶 冫 氵 沪 沪 池	어느날 연못가를 산책하다가, 제자보고 
碣 돌 갈	뜻 비석·돌 음 갈 쓰는순서 一 丆 石 矴 碣 碣 碣	저것이 무엇인고?… 비석 같은데요… 
石 돌 석	뜻 돌·섬 음 석 쓰는순서 一 丆 ア 石 石	음- 석두가 히트했구나. 저건 비석이지 

곤지갈석 곤지는 운남 곤명현에 있고 갈석은 부평현에 있다.

일거양득 ➜ 한 가지로 두 가지 이득을 본다.

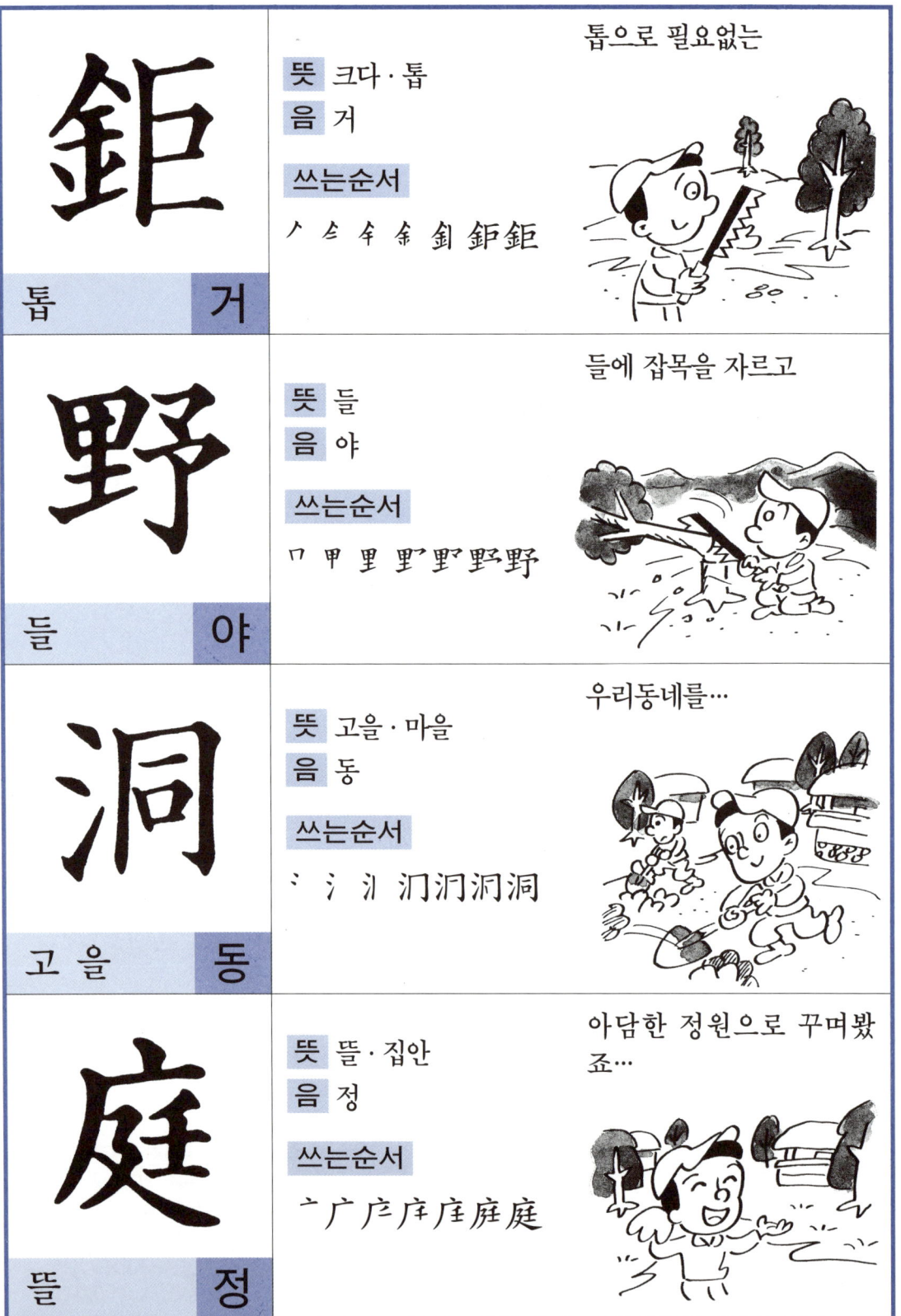

鉅 톱 거	뜻 크다·톱 음 거 쓰는순서 ノ 厶 午 金 釒 鈩 鉅	톱으로 필요없는
野 들 야	뜻 들 음 야 쓰는순서 口 甲 里 野 野 野 野	들에 잡목을 자르고
洞 고을 동	뜻 고을·마을 음 동 쓰는순서 ヽ 氵 氵 汩 洞 洞 洞	우리동네를…
庭 뜰 정	뜻 뜰·집안 음 정 쓰는순서 一 广 广 庐 庄 庭 庭	아담한 정원으로 꾸며봤죠…

거야동정 거야는 태산의 동쪽에 위치한 광야이고 동정은 호남성에 위치한 중국 제일의 호수이다.

일도양단 ➡ 한 번의 칼로 두 동강이 낸다.

曠 (빌 광)

- **뜻**: 넓다 · 빈
- **음**: 광
- **쓰는순서**: 日 日⁻ 旷 旷 睡 曠 曠

광할한 벌판과

遠 (멀 원)

- **뜻**: 멀다 · 깊다
- **음**: 원
- **쓰는순서**: 一 土 吉 吉 幸 袁 遠

먼길을 걸어 가려면

綿 (솜 면)

- **뜻**: 잇달아 · 솜
- **음**: 면
- **쓰는순서**: ＇ 幺 糸 糹 紆 綿 綿

면양말을 신어야…

邈 (말 막)

- **뜻**: 아득하다 · 멀다
- **음**: 막
- **쓰는순서**: ＇ 豸 豸 豹 豹 貌 邈

아 피곤해, 아직 멀었나…?

광원면막 산과 호수 그리고 벌판이 멀리 이어져 아득하게 보인다.

일망타진 ➡ 단 한번에 모두다 잡다.

巖	뜻 바위 음 암 쓰는순서 `丶 丷 屵 屵 嚴 嚴 巖`	바위를 들치고 
바위 암		

峀	뜻 메뿌리 · 바위구멍 음 수 쓰는순서 `丨 凵 屮 屮 屵 峀 峀`	그안에 구멍을 들여다보니 
메뿌리 수		

杳	뜻 깊다 · 아득하다 음 묘 쓰는순서 `一 十 木 朩 杏 杳 杳`	깊고 아득할 뿐… 
아득할 묘		

冥	뜻 어둡다 음 명 쓰는순서 `冖 冖 冃 冒 冝 冥 冥`	캄캄한 저 속엔 무엇이 있을까? 
어두울 명		

암수묘명 산골짜기에는 큰 바위와 메 뿌리가 굴속과 똑같이 아득하다.

일사천리 ➡ 거침없이 진행되다.

治 다스릴 치	뜻 다스리다 음 치 쓰는순서 丶丶氵氵汢治治治	옛날 중국에서는 나라 다스리는… 
本 근본 본	뜻 근본 음 본 쓰는순서 一十才木本	근본을 
於 늘 어	뜻 …에늘 음 어 쓰는순서 ㅡ ㅠ 方 圵 於 於 於	어디에 됐느냐 하면 
農 농사 농	뜻 농사 음 농 쓰는순서 丶 曲 曲 声 農 農	농사 짓는데 주력 했다 합니다… 

차본어농 중농정치를 근본으로 농사를 다스린다.

일양내복 ➡ 힘든 일을 극복하면 행운이 온다.

務	뜻 힘쓰다 음 무 쓰는순서 フ マ ㅋ 予 矛 矜 務 務	농사란 힘들여 땅을 갈고
힘쓸 무		
茲	뜻 이·이에 음 자 쓰는순서 ㆍ ㆍ ㆍ 犮 犮 茲 茲 茲	이어서 곡식을
이 자		
稼	뜻 심다 음 가 쓰는순서 ㆍ 千 禾 秆 秆 稼 稼	심었다가 가을에
심을 가		
穡	뜻 거두다 음 색 쓰는순서 ㆍ 禾 禾 秆 秬 穡 穡	거두는일이지… 누가 그걸 몰라요
거둘 색		

무자가색 거두어 드릴때에는 때를 놓치지 않도록 힘써야 한다.

일일삼추 ➡ 하루하루를 애태우며 기다린다.

俶 비로소 숙	뜻 비로소 음 숙 쓰는순서 亻 亻' 俨 俨 俶 俶 俶	거둔 곡식은 비로소 
載 실을 재	뜻 싣다 음 재 쓰는순서 一 十 吉 直 載 載 載	트럭에 싣고 
南 남녘 남	뜻 남쪽 음 남 쓰는순서 一 十 冂 冂 冋 南 南	남쪽 지방에 있는 양곡시장을 향해 
畝 밭 이랑 묘	뜻 밭 이랑 음 묘 쓰는순서 一 亠 产 亩 亩' 畝 畝	밭 이랑을 빠져 나왔다… 

숙재남묘 비로소 남양의 밭에서 농작물을 북돋아 배양한다.

일자천금 ➜ 한 글자가 천금 이다.

我	뜻 나·우리 음 아 쓰는순서 ノ ニ 千 手 我 我 我	나에게는
나 아		

藝	뜻 재주·심다 음 예 쓰는순서 艹 艺 芸 幸 埶 藝 藝	재주가 있다고 남들이 그러더군요…
재주 예		

黍	뜻 기장 음 서 쓰는순서 ニ 千 禾 孞 乔 黍 黍	그리고 기장을 잘 심는다고…
기장 서		

稷	뜻 피 음 직 쓰는순서 ニ 禾 秆 秤 稆 稷 稷	그런데 왜 피죽도 못 먹은 것처럼 힘이 없느냐?
피 직		

아예서직 나는 기장과 피를 심는 농사일에 열중하였다.

일장춘몽 ➡ 인생이 덧없음을 말함.

稅 부 세	**뜻** 세금 **음** 세 **쓰는순서** 二 千 禾 禾 和 秒 税 税	납세의무 정신이
熟 익힐 숙	**뜻** 익히다 **음** 숙 **쓰는순서** 亠 亨 亨 亨 孰 孰 熟	익숙하여
貢 바칠 공	**뜻** 바치다 **음** 공 **쓰는순서** 一 二 于 干 丢 丢 盾 貢	공물을 일찍 갖다 바쳤더니
新 새 신	**뜻** 새로움 **음** 신 **쓰는순서** 亠 立 辛 亲 亲 新 新	아침 신문에 모범농민이라고 내 사진이 났네…

세숙공신 곡식이 익으면 세금을 내어 국용을 준비하고 신곡으로 종묘에 제사를 올린다.

일조일석 ➜ 하루 아침 저녁이란 뜻. 짧은 시간

勸 권할 권	뜻 권하다 음 권 쓰는순서 艹 苗 莭 莑 藋 藋 勸	면에서는 내가 자꾸 권했어요…
賞 상줄 상	뜻 상·칭찬하다 음 상 쓰는순서 丨 丷 쓰 씅 씀 當 當 賞	내게 상을 주겠다고…
黜 내칠 출	뜻 물리침·내치다 음 출 쓰는순서 冂 冂 罒 黑 黑丨 黜 黜	나는 그것을 물리치고
陟 오를 척	뜻 오르다·나아가다 음 척 쓰는순서 ㇇ 阝 阝⺊ 阼 阼 陟 陟	언덕을 올라왔죠, 뭘 국민의 도리를 했을 뿐인데…

권상출척 부지런한 농민에게는 상을 주고 게으른자는 내 쫓는다.

일편단심 ➡ 오직 한 가지만 가졌던 마음

孟 맏 맹	뜻 맏·첫 음 맹 쓰는순서 了 子 子 舌 舌 孟 孟	 엄마, 맹자 어머니같은 분은 다시는 없겠지요?
軻 수레 가	뜻 수레·때 음 가 쓰는순서 冂 亘 車 車 車 軻 軻	 난 때를 못만났어… 너 나를 망신주기냐?
敦 도타울 돈	뜻 도탑다 음 돈 쓰는순서 亠 亩 亨 享 敦 敦	 돈암동에 가면
素 바탕 소	뜻 바탕·소박 음 소 쓰는순서 二 丰 主 丰 素 素 素	 그분이 평소 거처하시던 옛 집터가 있단다…

맹가돈소 맹자는 어머니의 교훈에 따라 자사의 문하에서 글을 배웠다.

일확천금 ➡ 단번에 떼돈을 벌다.

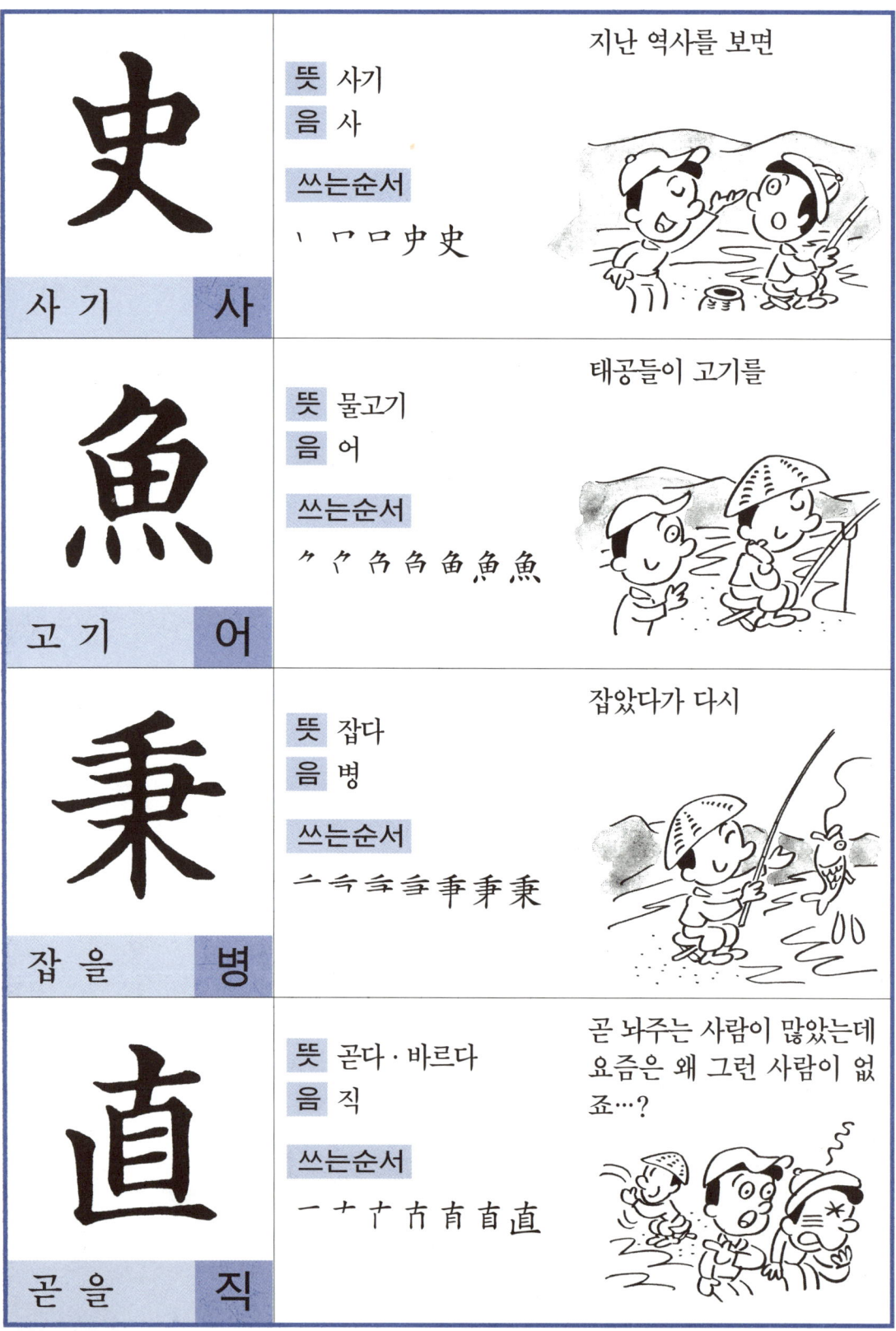

史 사기 사	뜻 사기 음 사 쓰는순서 丨 口 口 史 史	지난 역사를 보면
魚 고기 어	뜻 물고기 음 어 쓰는순서 ⺈ ⺈ 夕 旬 甪 备 角 魚 魚	태공들이 고기를
秉 잡을 병	뜻 잡다 음 병 쓰는순서 一 二 三 亖 圭 耓 秉 秉	잡았다가 다시
直 곧을 직	뜻 곧다·바르다 음 직 쓰는순서 一 十 十 古 育 直 直	곧 놔주는 사람이 많았는데 요즘은 왜 그런 사람이 없죠…?

사어병직 사어라는 위나라 태부는 그 성격이 곧고 강직하였다.

일희일비 ➜ 기쁜일과 슬픈일이 한번씩 번갈아 있다.

庶 뭇 서	뜻 여러·무리 음 서 쓰는순서 广户庄庄庶庶	너 서무실로 와!
幾 몇 기	뜻 몇·얼마 음 기 쓰는순서 幺 幺幺 丝 丝 幾 幾	기하시험에 컨닝을 하다니
中 가운데 중	뜻 가운데·속 음 중 쓰는순서 口口中	중학생이 됐으면
庸 떳떳 용	뜻 떳떳함·어리석다 음 용 쓰는순서 广户庐肩肩庸	좀 떳떳해 봐…

서기중용 어떠한 일이든지 한쪽에만 집착한다는 것은 잘못이다.

임기응변 ➡ 상황에 따라 적당히 하다.

勞 수고할 로	뜻 수고하다 음 로 쓰는순서 丶 ⺌ ⺍ 炏 炏 勞 勞	 수고하셨습니다… 뭘…
謙 겸손 겸	뜻 겸손 음 겸 쓰는순서 ㇀ 言 訮 訮 諅 謙 謙	 겸손해 하시긴… 안녕…
謹 삼가할 근	뜻 삼가하다 · 공경 음 근 쓰는순서 ㇀ 言 計 詳 謹 謹 謹	 근하신년 카드인가…
勅 칙서 칙	뜻 칙서 · 경계하다 음 칙 쓰는순서 一 口 中 束 束 勅 勅	 아 협작장이네 경계해야지…

노겸근칙 근로하고, 겸손하며, 삼가하고, 칙서, 즉 몸을 경계하면 중용이 도에 이른다.

자가당착→자신의 말과 행동에 맞지 않게 되 돌아옴.

聆

들을 영(령)

뜻 듣다

음 영 · 령

쓰는순서

一 丅 F E 耳 耳𠆢 聆

아- 신이오는 소리까지 들린다…

音

소리 음

뜻 소리 · 음악

음 음

쓰는순서

丶 亠 亣 立 产 音 音

뭐 귀신이 온다고?
아니 봄의 여신이 오는 소리…

察

살필 찰

뜻 살피다

음 찰

쓰는순서

宀 宀 𡧍 𡧍 察 察 察

들판을 두루 살펴보면…

理

다스릴 리

뜻 이치 · 다스림

음 리

쓰는순서

三 王 王 玾 珇 理 理

만물이 생동하는 이치를 알 수있지…

영음찰리 소리를 듣고 거동을 살피어 비록 적은 일이라도 주의하라.

자격지심 ➡ 자기 자신의 미숙함을 나타냄

鑑 거울 감	뜻 보다·거울 음 감 쓰는순서 丿 厸 金 釒 鈩 鍳 鑑	이 반지좀 감정해 봐라 진품인가…
貌 모양 모	뜻 모양·거동 음 모 쓰는순서 丿 丶 孑 豸 豹 豹 貌	모양만 봐서는
辨 분변 변	뜻 분변·가리다 음 변 쓰는순서 亠 立 辛 刲 刾 辯 辨	판단하기가 어렵죠…
色 빛 색	뜻 빛·색 음 색 쓰는순서 丿 勹 夕 夕 刍 色	이 빛깔과 색을 보니 진품인데요…

감모변색 사람의 심리는 모양과 거동으로 분별한다.

자급자족 ➡ 자신이 필요한 물건을 스스로 해결해 만족함.

貽	뜻 끼치다·남김 음 이 쓰는순서 丨 冂 目 貝 貝' 貝㠯 貽	염려를 끼쳐서 죄송합니다…
끼칠 이		
厥	뜻 그·그것 음 궐 쓰는순서 一 厂 厂 厈 厈 厥 厥	노조원들은 아직도 궐기를 계속하고…
그 궐		
嘉	뜻 아름다움·좋다 음 가 쓰는순서 士 吉 吉 喜 壴 嘉 嘉	회장님, 그들을 가상히 여기시고
아름다울 가		
猷	뜻 꾀·계책 음 유 쓰는순서 丷 丷 푸 酋 酋 猷 猷	월급을 올려주는 계책이 없을까요…?…
꾀 유		

이궐가유 자손에게 좋은 것을 남기려면 착한 일을 해야 한다.

자수성가 ➜ 유산없이 스스로 재산을 모음

勉 힘쓸 면	뜻 힘씀·부지런한 음 면 쓰는순서 ′ ″ ⺈ 夕 免 免 勉

저분은 항상 근면하고 좋은 일을 많이하시지…

其 그 기	뜻 그 음 기 쓰는순서 一 十 卄 甘 甘 其 其

그러므로 안녕하세요?

祇 공경 지	뜻 공경하다 음 지 쓰는순서 丶 亍 亓 礻 衦 祇 祇

사람들로부터 공경을 받지요…

植 심을 식	뜻 심다 음 식 쓰는순서 一 十 木 朮 枯 植 植

오늘도 벌거숭이 산에다 나무를 심으시잖아…

면기지식 좋은 가정을 이루려면 착한 것을 자손에게 심어주는데 힘을 써야 한다.

자승자박 ➡ 자기가 한 말이나 행동에 묶여버림

省 살필 성	뜻 살피다 · 보다 음 성 쓰는순서 丿 亅 亅 小 少 劣 省 省	오늘도 나는 반성해 봅니다. 
躬 몸 궁	뜻 몸 · 몸소 음 궁 쓰는순서 丨 亻 自 身 身 身 身 躬	내몸만 중요시하고 
譏 기롱 기	뜻 나무라다 · 기롱 음 기 쓰는순서 亠 言 診 診 諮 諮 譏 譏	또 남을 헐뜯거나 
誡 경계 계	뜻 경계하다 · 훈계 음 계 쓰는순서 亠 言 言 訂 訪 誡 誡	경계하지 않았나 하고… 

성궁기계 항상 자기 몸을 살피고 나무라며 경계하고 반성하라.

자업자득 ➡ 자신이 저지른 일에 대가를 스스로 받음.

寵 (고일 총)

- 뜻: 고일·귀여움
- 음: 총
- 쓰는순서: 宀宀宝宝宠寵寵

엄마! 나를 귀여워하시죠?

增 (더할 증)

- 뜻: 더하다·많아짐
- 음: 증
- 쓰는순서: 一十土圹坤增增

암— 더할말이 있냐?
그럼 저…

抗 (겨룰 항)

- 뜻: 겨루다·대항하다
- 음: 항
- 쓰는순서: 一十扌扩扩抗

너도 언니한테 대들지 말고

極 (지극할 극)

- 뜻: 지극하다·끝
- 음: 극
- 쓰는순서: 一木朾柯柯極極

동생도 지극히 사랑해야 한다…

총증항극 총애를 받을수록 교만한 태도를 부리지 말고 더욱 조심 하여라.

자초지종 ➡ 처음과 끝까지

殆
뜻 위태하다 · 거의
음 태
쓰는순서
一 ㄱ ㄅ ㄹ 殆 殆 殆

위태할 태

노는게 위태롭다 했더니

辱
뜻 욕되게
음 욕
쓰는순서
一 厂 ㄕ 厉 辰 辰 辱

욕될 욕

그예 욕을 보는군…

近
뜻 가깝다
음 근
쓰는순서
一 ㄱ ㄕ 斤 沂 沂 近

가까울 근

나는 경찰서 가까이에 가서

恥
뜻 부끄럽다
음 치
쓰는순서
一 丁 王 耳 耳 耴 恥

부끄러울 치

부끄러움을 참고 그애는 원래 방화범이 아니라고 증언을 했죠…

태욕근치 총애를 받을때 욕된일을 하게되면 멀지않아서도 위태로움과 치욕이 온다.

자칭천자 ➡ 스스로를 자랑하는 자를 비웃는 말.

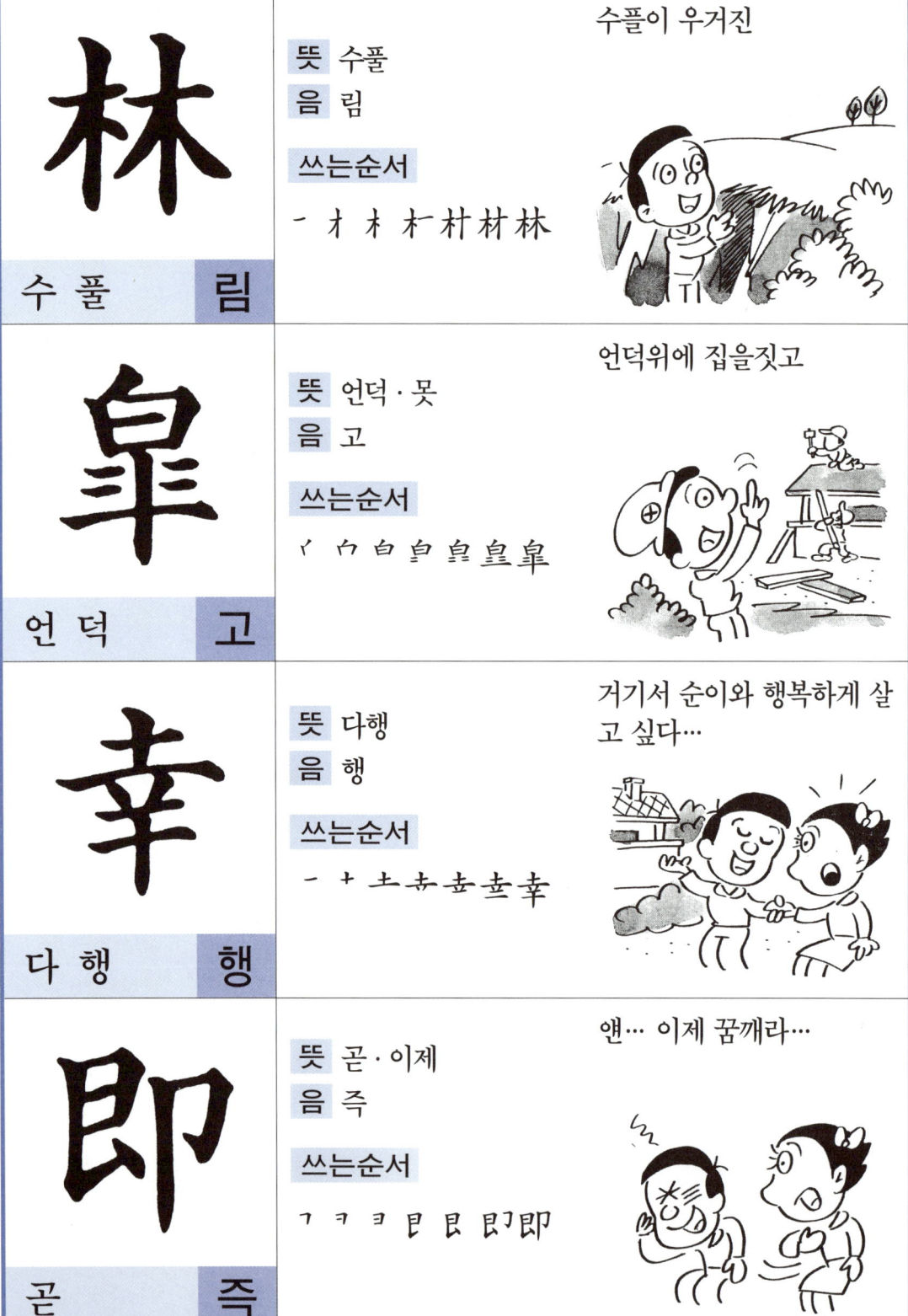

林 수풀 림	뜻 수풀 음 림 쓰는순서 一 十 十 木 村 材 林	수풀이 우거진
皐 언덕 고	뜻 언덕·못 음 고 쓰는순서 丿 宀 白 皁 皂 皋 皐	언덕위에 집을짓고
幸 다 행 행	뜻 다행 음 행 쓰는순서 一 十 土 去 坴 幸 幸	거기서 순이와 행복하게 살고 싶다…
即 곧 즉	뜻 곧·이제 음 즉 쓰는순서 フ ㄱ ㅋ 艮 艮 卽 即	앤… 이제 꿈깨라…

임고행즉 부귀해도 겸손하게 산간 수풀에서 사는것이 행복이다.

자포자기 ➡ 자기 스스로를 돌보지 않음.

兩	뜻 둘·짝 음 량 쓰는순서 一 ㄷ ㄇ 兩 兩 兩	내 짝꿍은 참 
두 / 량		
疏	뜻 드물다·글 음 소 쓰는순서 了 疋 疋 䟽 䟽 䟽 疏	보기드문 괴짜애요… 
글 / 소		
見	뜻 보다·의견 음 견 쓰는순서 丨 冂 冂 冃 目 見 見	그애 책상 서랍을 보니까 
볼 / 견		
機	뜻 베틀·때 음 기 쓰는순서 一 木 機 機 機 機 機	헌 기계들이 많드라구요. 학생이 책은 없고… 
틀 / 기		

양소견기 한나라의 소광과 소수는 기틀을 보고서 고향으로 돌아갔다.

자화자찬 ➡ 스스로를 자랑삼아 말함.

解 풀 해	뜻 풀다 · 흩어지다 음 해 쓰는순서 ╯ ⺈ ⺈ 角 角 鬥 解 解	그래도 이해가 안가…? 
組 짤 조	뜻 꾸미다 · 짬 음 조 쓰는순서 ㄥ 幺 糸 糺 紉 組 組	우리 조를 짜서 공부를 하자 너 우리반, 또 
誰 누구 수	뜻 누구 음 수 쓰는순서 ≡ 言 訁 訁 訃 誰 誰	누구없어? 나…너 그 생각 으로 공부하겠어…? 
逼 가까울 핍	뜻 핍박하다 · 가까움 음 핍 쓰는순서 一 冂 百 亩 畐 畐 逼	나도 천재야 사람 핍박하지 마! 

해조수핍 관의 끈을 풀고 사직하여 고향으로 돌아 가니 누가 핍박 하리오.

작심삼일 ➡ 결심한 일이 삼일 밖에 가지 않음.

索 찾을 색	뜻 찾다·동아줄 음 색 쓰는순서 一十古古卉索索索	수색대를 보내서 
居 살 거	뜻 살다 음 거 쓰는순서 フ コ ア 尸 尸 居 居	그가 살고있는 곳을 찾아봤으나 
閑 한가 한	뜻 한가함 음 한 쓰는순서 丨 「 「 門 門 閑 閑	한가하게 그가 거기 있을리도 없고 
處 곳 처	뜻 곳 음 처 쓰는순서 卜 广 虍 虎 虍 處 處	그의 거처를 알 수 없었다. 

색거한처 관직을 떠나 한가한 곳을 찾아서 세상을 살았다.

장부일언 중천금 ➜ 남자의 한 마디 말은 천금과 같다.

沈	뜻 잠기다 음 침 쓰는순서 丶丶冫冫冴沙沈	침묵은 금이니라… 
잠길 침		
默	뜻 말이없다 음 묵 쓰는순서 口甲里黑黑默默	이게 무슨자지? 
잠잠할 묵		
寂	뜻 고요하다 음 적 쓰는순서 宀宀宇宇宋宋寂	…응? 왜대답이 없어? 
고요할 적		
寥	뜻 쓸쓸하다·고요함 음 료 쓰는순서 宀宀宇宑宑宎寥	침묵은 금이라고 하셨잖아요… 날 쓸쓸하게 하는구나… 
고 요 료		

침묵적요 　세상에 나와 사람과 교제할 때에는 침착한 언행을 하라.

장삼이사 ➡ 장씨의 세째, 이씨의 넷째 아들 처럼 흔함.

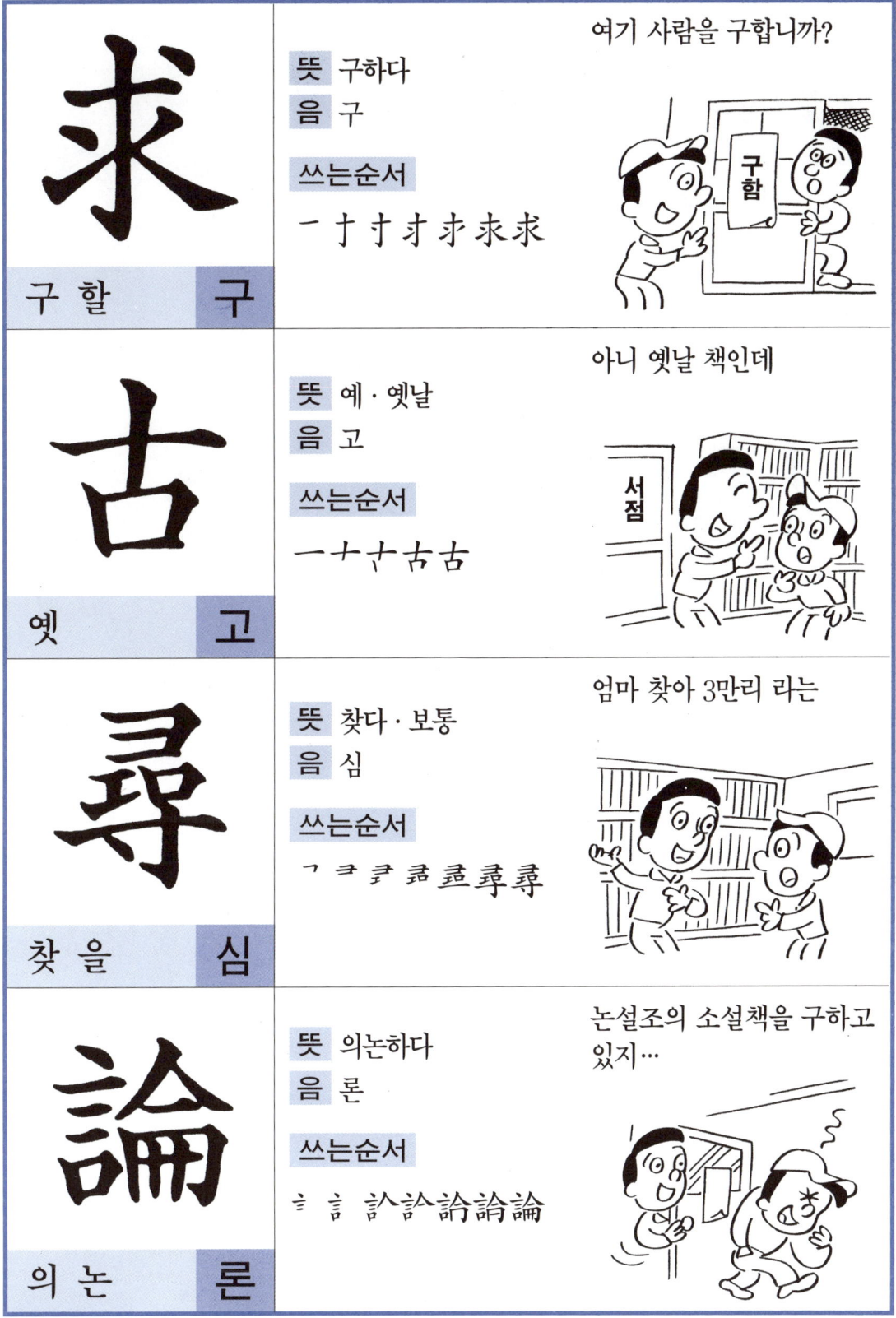

求 구할 구	뜻 구하다 음 구 쓰는순서 一 十 寸 才 求 求 求	여기 사람을 구합니까?
古 옛 고	뜻 예·옛날 음 고 쓰는순서 一 十 忄 古 古	아니 옛날 책인데
尋 찾을 심	뜻 찾다·보통 음 심 쓰는순서 フ ョ ㅋ 큐 尋 尋 尋	엄마 찾아 3만리 라는
論 의논 론	뜻 의논하다 음 론 쓰는순서 宀 言 訟 論 論 論 論	논설조의 소설책을 구하고 있지…

구고심론 옛날 성인군자를 찾아 의논하고 토론하라.

적반하장 ➡ 도둑놈이 도리어 매로 때리려고 한다.

散 흩을 산	뜻 흩어지다 음 산 쓰는순서 一 世 쁘 쁘 쁘 肯 散 散	산발적으로 비가 내리겠습니다… 
慮 생각 려	뜻 생각하다 음 려 쓰는순서 ⺊ ⺊ 广 卢 虍 虐 廬 慮	너 생각좀 해봐라… 
逍 노닐 소	뜻 노닐다 · 거닐다 음 소 쓰는순서 ⺊ ⺌ ⺍ 肖 肖 肖 逍	비가 온다는데 산으로 놀러 간다고…? 
遙 멀 요	뜻 노닐다 · 멀다 음 요 쓰는순서 ノ ク タ 夅 夅 夅 夅 遙	여름에는 비가와야 놀기 좋아요… 

산려소요 세상일을 모두 잊고 자연속에서 한가롭게 지내다.

전광석화 ➡ 전기빛과 같이 매우 빠름.

| 欣 | 뜻 기뻐하다
음 흔
쓰는순서
丶 亠 亣 斤 斤 欣 欣 | 기뻐하십시오… 오후에
 |

기쁠 흔

| 奏 | 뜻 아뢰라·여쭈다
음 주
쓰는순서
一 三 丰 夫 奏 奏 奏 | 따님의 피아노 연주회가 있습니다…
 |

아뢸 주

| 累 | 뜻 더럽히다·거듭
음 누
쓰는순서
口 田 田 田 累 累 累 | 그동안 누를 끼쳐서 죄송합니다… 감사…
 |

여러 누

| 遣 | 뜻 보내다
음 견
쓰는순서
口 口 虫 虫 虫 遣 遣 | 동창 모임에 꽃다발을 보내드려라…
 |

보낼 견

흔주누견 기쁜 것은 아뢰고 더러움은 떠나 보낸다.

전전긍긍 ➡ 두려워 움직이지 않고 겁을 냄

感 슬플 척	뜻 슬픔·근심 음 척 쓰는순서 丿厂厂戶咸咸感	벌써 졸업이라니 나도 모르게 눈물이… 
謝 사례 사	뜻 사례 음 사 쓰는순서 言 計 訃 誹 謝 謝	감사합니다. 다 여러분의 덕입니다… 
歡 즐길 환	뜻 기쁨·즐기다 음 환 쓰는순서 艹 廿 苎 萑 萑 歡 歡	아드님의 금의 환향을 진심으로 환영합니다… 
招 부를 초	뜻 불러오다 음 초 쓰는순서 一 十 扌 扫 招 招 招	오후에 축하 파티때는 저를 꼭 초청해 주세요… 암… 

척사환초 마음속의 슬픈것은 모두 없어지고 즐거움이 부른듯 찾아 온다.

전화위복 ➡ 잘못된 화가 바뀌어 복이 되다.

渠 개천 거	뜻 개천 음 거 쓰는순서 氵 氵 沪 泊 洰 渠 渠	자네가 벌써 성인이… 개천에서 용났군…
荷 짐(연꽃) 하	뜻 연·짐 음 하 쓰는순서 丶 艹 艹 苻 荷 荷	연꽃도 활짝 피어 우리를 축하해 주네요…
的 맞을 적	뜻 과녁·맞음 음 적 쓰는순서 丿 竹 甪 白 白 的 的	그래 어떤 공부가 적중을 했나?
歷 지낼 력	뜻 지내다 음 력 쓰는순서 一 厂 厤 厤 歷 歷 歷	우리나라의 역사공부를 열심히했죠… 아-

거하적력 개울의 연꽃도 아름답고 향기로우니 맡아 볼만 하다.

절치부심 ➡ 분하여 이를 갈고 속을 썩힘.

園

- 뜻 동산·뜰
- 음 원
- 쓰는순서 冂 冂 門 周 周 園 園

동산 원

동산에 올라가서

莽

- 뜻 풀이 우거지다
- 음 망
- 쓰는순서 艹 艹 芒 芙 莁 莽 莽

풀 망

우거진 풀을

抽

- 뜻 빼다·뽑다
- 음 추
- 쓰는순서 一 十 扌 扣 抽 抽 抽

빼낼 추

추상화로 그려주세요.

條

- 뜻 가지·조목
- 음 조
- 쓰는순서 亻 亻 伫 攸 攸 俢 條

조목 조

그 조건으로 그림값을 먼저 드리겠습니다. 감사…

원망추조 동산의 풀은 땅속의 양분으로 가지가 뻗어나가고 크게 자란다.

정신일도 하사불성 ➡ 정신을 집중하면 일이 성취됨.

| 枇 나무 비 | 뜻 비파나무
음 비
쓰는순서
一 十 才 木 木 木 朴 枇 | 비파나무 아래서
 |

| 杷 나무 파 | 뜻 비파나무
음 파
쓰는순서
一 十 才 木 朻 朳 杷 | 비파를 켜면서
 |

| 晩 늦을 만 | 뜻 늦다·저물다
음 만
쓰는순서
丨 日 日[′] 旳 晚 晚 晚 | 만찬을 나눈후
 |

| 翠 푸를 취 | 뜻 푸르다·비취
음 취
쓰는순서
フ ヲ ヨヨ 羽 翠 翠 翠 | 그는 푸른들을 지나 집으로 갔다…
 |

비파만취 비파 나무는 늦은 겨울에도 푸른빛이 변하지 않는다.

제자백가 ➡ 중국 춘추시대의 여러 학자들을 말함.

梧 오동 오	뜻 오동나무 음 오 쓰는순서 一 十 才 木 杧 栢 梧 梧	오동나무가 있는
桐 오동 동	뜻 오동나무 음 동 쓰는순서 一 十 才 木 朷 机 桐 桐	언덕을 아침에 뛰어가서
早 이를 조	뜻 일찍 · 이르다 음 조 쓰는순서 丨 冂 日 旦 早	조기체조를 했더니
凋 마를 조	뜻 시들다 · 마르다 음 조 쓰는순서 丶 冫 冫 凢 冯 凋 凋 凋	아- 피곤… 젊은애가 왜 이렇게 시들시들하니…?

오동조조 가을이 되면 오동잎은 다른 나무보다 먼저 마른다.

조강지처 ➡ 첫번째 맞이 한 아내.

陳 베풀 진	뜻 베풀다·묵다 음 진 쓰는순서 フ ㄱ ㄱ˙ 厂¯ 厂¯ 阿 陣 陳	세입자 일동은 이렇게 진정을 하옵니다… 
根 뿌리 근	뜻 뿌리·근본 음 근 쓰는순서 一 十 才 木 ㄱ ㄱ˙ 柯 根 根	전세금이 이렇게 오르는 무슨 근거라도 있습니까? 
委 맡길 위	뜻 맡기라 음 위 쓰는순서 一 千 禾 禾 ㄱ ㄱ˙ 委 委	이런건 대책위원회에서 
翳 가릴 예	뜻 가리다 음 예 쓰는순서 一 ㄱ ㄱ˙ 医 医 医 殹 殹 フ ㄱ ㄱ˙ 羽 翳	엄하게 가려주십시오… 

진근위예 가을이 오면 오동잎뿐만 아니라 고목의 뿌리도 시들어 마른다.

조삼모사 ➡ 간사스럽게 남을 모략하다.

落 떨어질 락	뜻 떨어지다 음 락 쓰는순서 ⺿ ⺿ 浐 莎 茨 落	시몬 너는 아느냐?
葉 잎사귀 엽	뜻 잎 음 엽 쓰는순서 ⺿ ⺿ 苹 苹 笹 莱 葉	낙엽밟는 소리를… 무슨 소리났어?
飄 날릴 표	뜻 나부끼다·날림 음 표 쓰는순서 西 票 飘 飘 飘 飘 飘	이번엔 내가 밟을테니 네가 한번 들어봐…
颻 날릴 요	뜻 나부끼다 음 요 쓰는순서 ク 夕 壬 좀 舀 舀 颻 颻 颻	어! 세게 밟으니 바람에 날라가네…

낙엽표요 가을이 오면 낙옆이 펄펄 날리면서 떨어진다.

조족지혈 ➡ 새발의 피

遊 놀 유	뜻 놀다 음 유 쓰는순서 、 ` 方 方 方 斿 斿 遊	유람선이나 타고 
鯤 고기 곤	뜻 곤새·고기 음 곤 쓰는순서 丨 口 日 目 昆 ´ 鯤 鯤	곤새(큰새)나 보러갈까? 
獨 홀로 독	뜻 홀로·외롭다 음 독 쓰는순서 ノ ㇅ 犭 犸 狎 狎 獨 獨	아니면 혼자 유학 갔다가 
運 운전 운	뜻 운전·옮기다 음 운 쓰는순서 冖 冃 宣 宣 軍 軍 運	여름에 운하로 돌아올까…? 

유곤독운 곤어는 북해의 큰 고기이며 홀로 헤엄치며 논다.

좌지우지 ➡ 제멋대로 생각하다.

凌	뜻 업신여기다 음 릉 쓰는순서 冫 冫 冫 冫 凌 凌 凌 凌	남한테 업신여김을 받지 않으려면 
업신여길 릉		
摩	뜻 닦다 · 문지르다 음 마 쓰는순서 丶 广 广 庐 麻 麿 摩	열심히 도를 닦아서 
닦을 마		
絳	뜻 짙게붉다 · 진홍색 음 강 쓰는순서 幺 糸 紈 終 終 終 絳	해가 뜨는 아침에도 
붉을 강		
霄	뜻 하늘 · 진눈깨비 음 소 쓰는순서 广 币 雨 雨 雨 霄 霄	진눈깨비가 내리게 하는 방법을 터득해야 한다… 
하늘 소		

능마강소 곤어가 자라면 붕새로 변하여 날면 구천에 이른다. 사람의 운세를 상징하는 말.

좌충우돌 → 이리저리 사방으로 충돌하다.

耽 즐길 탐

뜻 즐기다
음 탐
쓰는순서
丆 F 耳 耴 耽 耽 耽

내가 평상시 즐겨찾는

讀 읽을 독

뜻 읽다·귀절
음 독
쓰는순서
亠 言 許 諎 讀 讀 讀

독서실이 있지…

翫 구경 완

뜻 장난감·구경
음 완
쓰는순서
丨 羽 習 習 習 翫 翫

어딘데! 나도 한번 구경 가자…

市 저자 시

뜻 저자·시가
음 시
쓰는순서
丶 亠 冂 巿 市

그거야 시장안에 만화방이지…

탐독완시 한나라의 왕충은 독서를 즐겨 항상 시장 서점에 나가 책을 읽었다.

주경야독 ➡ 낮에는 일하고 밤에는 공부하다.

한자	뜻	음	쓰는순서
寓 (붙일 우)	붙여살다·붙이다	우	宀宀宁宁宫寓寓
目 (눈 목)	눈·보다	목	丨冂冂月目
囊 (주머니 낭)	주머니·자루	낭	一亠冇亩䯝䯝囊囊
箱 (상자 상)	상자	상	丿𠂉𥫗𥫗𥫗箱箱

말풍선:
- 우화같은 재미있는 이야기 하나 해 주세요…
- 대낮에 눈뜨고
- 옷 주머니 안에 있는
- 보물 상자를 잃어 버렸어. 너도 조심해…

우목낭상 한나라의 왕충은 글을 한번만 읽으면 잊지 않아 마치 상자나 주머니에 넣어두는 것과 같았다.

주마간산 ➡ 말을 타고 달리면서 산천을 구경한다.

易 쉬울 이	뜻 쉽다·바꾸다 음 이 쓰는순서 丨 冂 日 月 月 月 易 易	세상에 모든일은 쉬운게 없고 
輶 가벼울 유	뜻 가볍다 음 유 쓰는순서 一 冂 車 車 軒 輶 輶	가볍게 생각해도 안되며… 
攸 바 유	뜻 …바 음 유 쓰는순서 丿 亻 彳 攸 攸 攸 攸	그런고로 에헴 
畏 두려울 외	뜻 두려워하다 음 외 쓰는순서 丨 冂 田 田 甼 畏 畏	적은일도 두려워 해야 한다. 아얏! 나를 밟았어! 

이유유외 군자에게는 가볍게 움직이고 말하는 것을 두려워 해야 한다.

죽마고우 ➜ 어려서 부터 같이 공부 하며 자란 친구

屬 붙일 속	뜻 붙이다·잇다 음 속 쓰는순서 フ 尸 尸 屬 屬 屬 屬
耳 귀 이	뜻 귀 음 이 쓰는순서 一 丅 丆 F 耳 耳
垣 담 원	뜻 담 음 원 쓰는순서 一 土 圠 圩 坦 垣 垣
墻 담 장	뜻 담 음 장 쓰는순서 一 土 圹 圹 墻 墻 墻

속이원장 담벽에도 귀가 있다는 말과 같이 말을 경솔하게 함부로 하지 말라.

중구난방 ➡ 여러 사람이 동시에 하는 말은 막기 힘들다.

具 갖출 구

- 뜻: 갖추다
- 음: 구
- 쓰는순서: 丨 冂 冃 目 且 具 具

선물 준비를 모두 갖추고

膳 반찬 선

- 뜻: 반찬 · 선물
- 음: 선
- 쓰는순서: 刂 月 月˝ 胖 膳 膳 膳

선물이 왔네… 과일 나눠…!

飡 밥 손

- 뜻: 저녁밥 · 먹다
- 음: 손
- 쓰는순서: 丶 丶 氵 氵 汱 飡 飡

아직 저녁먹기 전이니…

飯 밥 반

- 뜻: 밥
- 음: 반
- 쓰는순서: 丿 𠂉 今 食 食 飣 飯

밥먹고 나서 먹어라…

구선손반 밥을 먹을 때에는 반찬을 갖추어 먹는다.

지피지기 ➡ 상대방을 알고 나서 나를 알아라.

適 마침 적	뜻 맞다·마침 음 적 쓰는순서 亠 亣 疒 商 商 商 適
口 입 구	뜻 입 음 구 쓰는순서 丨 冂 口
充 채울 충	뜻 채우다·가득하다 음 충 쓰는순서 丶 亠 亠 云 产 充
腸 창자 장	뜻 창자 음 장 쓰는순서 刂 月 肝 胛 胛 腸 腸

적구총장 좋은 음식이 아니라도 입에 맞으면 배를 채울 수 있다.

진수성찬 ➜ 많이 차려 놓은 맛있는 음식

飽 배부를 포	뜻 배부르다 음 포 쓰는순서 ノ ケ 刍 食 飠 飠 飽 飽	식사 다했니? 자 과일 
飫 배부를 어	뜻 먹기싫음 · 배부름 음 어 쓰는순서 ノ ケ 刍 食 飠 飠 飫	아 나 배불러 먹기 싫어요 
烹 삶을 팽	뜻 삶다 · 달이다 음 팽 쓰는순서 一 亠 古 亨 亨 亨 烹	그럼 삶아서 줄까? 과일을 삶아요? 
宰 재상 재	뜻 다스리다 · 재상 음 재 쓰는순서 丶 宀 宀 宁 宰 宰 宰	약간 삶으면 살균이 되지… 건강을 잘 다스리는구나… 

 포어팽재 배가 부른 뒤에는 좋은 음식도 맛을 몰라 먹기 싫다.

진인사대천명 ➡ 최선을 다하고 하늘의 명령을 기다린다.

飢 주릴 기	뜻 주리다·굶다 음 기 쓰는 순서 丿 𠂉 𠂊 今 食 飣 飢	점심을 굶는 어린이들에게 
厭 싫을 염	뜻 만족하다·싫다 음 염 쓰는 순서 厂 厃 厈 肩 肩 厭 厭	만족할지 염려되네요… 
糟 재강 조	뜻 지게미 음 조 쓰는 순서 丶 米 粁 粐 糟 糟 糟	지게미를 짜낸 술을 약간 넣고 
糠 겨 강	뜻 겨 음 강 쓰는 순서 丶 ⺧ 米 糒 粐 粡 糠	겨를 골라낸 쌀로 떡을 만들어왔어요… 감사… 

기염조강 배가 고프면 지게미나 쌀겨도 맛이 있다.

진충보국 ➡ 나라를 위해 충성을 다함.

親 친할 친	뜻 친하다 · 일가 음 친 쓰는순서 亠亠立亲亲新新親親親	

戚 겨레 척	뜻 친척 · 겨레 음 척 쓰는순서 一厂厂厂戚戚戚	

故 연고 고	뜻 연고 · 죽음 음 고 쓰는순서 一十古古古故故	

舊 옛 구	뜻 옛 · 친구 음 구 쓰는순서 艹艹莽莽莞舊舊	

친척고구 '친'은 동성이고 '척'은 이성이며 '고구'는 옛 친구이다.

진퇴양난 ➡ 나가거나 물러설수도 없음.

老 늙을 로(노)	뜻 늙다 음 로·노 쓰는순서 一 十 土 耂 耂 老	아느날 양로원과 
少 젊을 소	뜻 젊다·적다 음 소 쓰는순서 亅 丿 小 少	소년가장 집에 
異 다를 이	뜻 다르다 음 이 쓰는순서 丶 口 田 𼗬 畀 畁 異	발신인이 없는 이상한 소포가 배달 됐습니다… 
糧 양식 량(양)	뜻 양식·먹이 음 양·량 쓰는순서 丶 丷 米 粓 粓 糧 糧	열어보니 어느 독지가가 양식을 보내 왔습니다… 

노소이량 늙은이와 젊은이에게 대접하는 음식은 다르게 한다.

천고마비 ➡ 하늘은 높고 말은 살이 찐다.

妾 첩　　　첩	뜻 첩(여자) 음 첩 쓰는순서 丶 亠 亡 立 立 妾 妾	첩의 자식이라고 과거에도 응시 못했다 
御 모 실　　어	뜻 모시다・거느리다 음 어 쓰는순서 ㄅ 彳 彳 彳 彳 徉 御	어사 벼슬을 못했으니 어쩐다… 
績 길 쌈　　적	뜻 길쌈 음 적 쓰는순서 幺 糸 糸 紝 結 績 績	그러나 어머니는 길쌈을 배우고 
紡 길 쌈　　방	뜻 실을 뽑다 음 방 쓰는순서 幺 幺 糸 糸 紅 紡 紡	방직기술을 익혔습니다. 

첩어적방　남자는 밖에 나가 일을 하고 여자는 집안에서 길쌈을 한다.

천고불역 ➡ 옛부터 변하지 않아 가치가 큼.

侍	뜻 모시다·받들다 음 시 쓰는순서 イ イ イ⁺ 伃 侍 侍 侍	지금부터 놀이를… 너는 나를 잘 모셔야 돼…
모 실 　시		
巾	뜻 수건·두건 음 건 쓰는순서 丨 冂 巾	그럼 어서 수건을 가져오너라…
수 건　건		
帷	뜻 장막·휘장 음 유 쓰는순서 冂 巾 巾⁺ 帅 帷 帷 帷	그리고 머리빗도 가져오너라…
장 막　유		
房	뜻 방 음 방 쓰는순서 丶 亠 ㄹ 户 户 房 房	또 방청소를 말끔히 하도록! 야 정말 이럴꺼야?
방　　방		

시건유방 여자는 안방에서 수건과 빗을 준비하고 남편을 섬긴다.

천리동풍 ➡ 천리까지 똑같은 바람이 분다.

紈 깁 환	뜻 흰비단 음 환 쓰는순서 ﹅ ﹅ 纟 糹 紒 紈 紈	흰 비단옷을 입고… 
扇 부채 선	뜻 부채 음 선 쓰는순서 ﹅ ﹅ 亠 户 户 启 肩 扇	부채를 들고… 
圓 둥글 원	뜻 둥글다·둘레 음 원 쓰는순서 丨 冂 冂 同 圁 圓 圓	둥근 뜰을 거니니… 
潔 맑을 결	뜻 깨끗하다·맑다 음 결 쓰는순서 氵 氵 汢 渻 潔 潔 潔	아니 어느새 가을 바람이… 부채가 필요없네! 

환선원결 흰 비단으로 만든 부채는 둥글고 깨끗하다.

천리안 ➡ 천리까지 먼 곳을 본다.

銀 은 은	뜻 은·돈 음 은 쓰는순서 ノ 厂 𠂉 牟 金 鈩 鈤 銀	옛날에는 금이었는데 이건 은으로 
燭 촛불 촉	뜻 촛불·촉광 음 촉 쓰는순서 丶 火 灯 炉 焆 燭 燭	만든 촛대잖아? 
煒 빛날 위	뜻 밝다·빛나다 음 위 쓰는순서 丶 火 灯 炉 焆 煒 煒	그리고 방안이 너무 밝고 
煌 빛날 황	뜻 빛나다 음 황 쓰는순서 丶 火 灯 炉 炉 焊 煌	불빛이 너무 빛난다… 이크 도망가자…! 

은촉위황 은 촛대의 촛불은 빛나고 휘황 찬란 하다.

천방지축 ➡ 두서없이 바쁘게 움직이다.

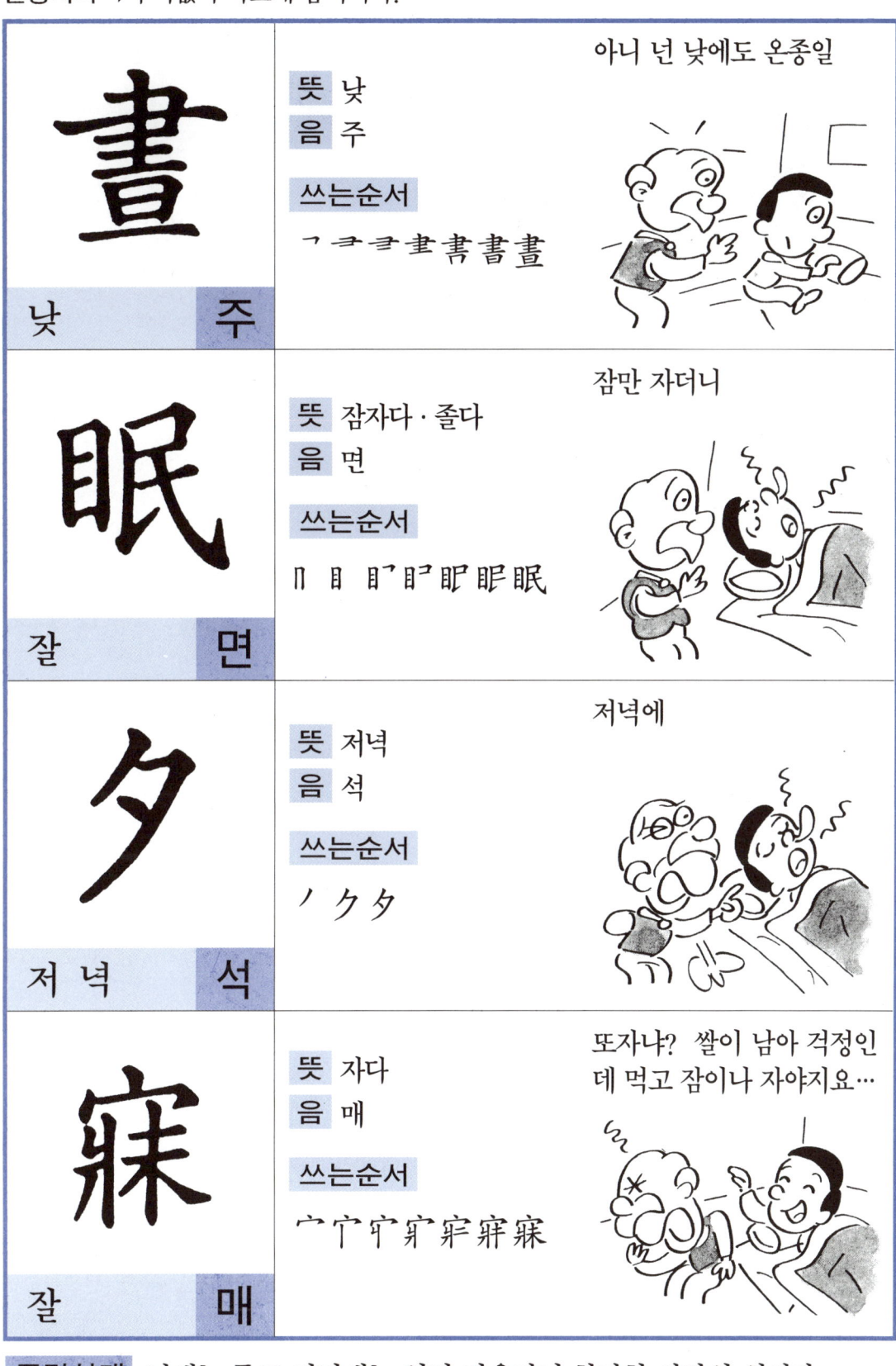

주면석매 낮에는 졸고 저녁에는 일찍 잠을자니 한가한 사람의 일이다.

천산만수 ➡ 여행길에는 산과 물이 수 없이 많다.

藍 쪽 람	뜻 남색 음 람 쓰는순서 艹 艹 萨 萨 萨 藍 藍	오빠 옷은 남색으로 준비하고  여행에서 돌아온 동생
筍 대순 순	뜻 죽순·대싹 음 순 쓰는순서 ⺮ ⺮ ⺮ 竻 笱 筍 筍	네 마음씨는 죽순 같구나 
象 코끼리 상	뜻 코끼리·상아 음 상 쓰는순서 ⺈ 刍 刍 争 争 象 象	아버지 선물은 상아 파이프를 준비 했어요… 
床 상 상	뜻 평상·잠자리 음 상 쓰는순서 丶 一 广 广 庁 床 床	여행에 피곤하겠다. 일찍 잠 자리에 들거라… 네… 

남순상상 푸른 대나무 순과 코끼리 상이니 영화를 누리는 사람의 침상이다.

천만백계 ➜ 이것저것 여러가지를 생각함.

絃
줄 현

- 뜻: 악기의 줄
- 음: 현
- 쓰는순서: 幺 纟 糸 紅 紅 絃 絃

내가 거문고를 켤테니

歌
노래 가

- 뜻: 노래
- 음: 가
- 쓰는순서: 一 丆 尸 可 哥 哥 歌

너희들은 가곡을 불러 봐라

酒
술 주

- 뜻: 술
- 음: 주
- 쓰는순서: 氵 氵 汀 沂 洒 酒 酒

할아버지 인삼주를 드세요…

讌
잔치 연

- 뜻: 잔치
- 음: 연
- 쓰는순서: 亠 言 言 計 訐 詌 譜 讌 讌

이렇게 해서 내 생일 잔치가 벌어졌습니다…

현가주연 거문고 줄을 타고 노래와 술을 마시며 잔치를 한다.

천신만고 ➜ 여러모로 수고가 많았다.

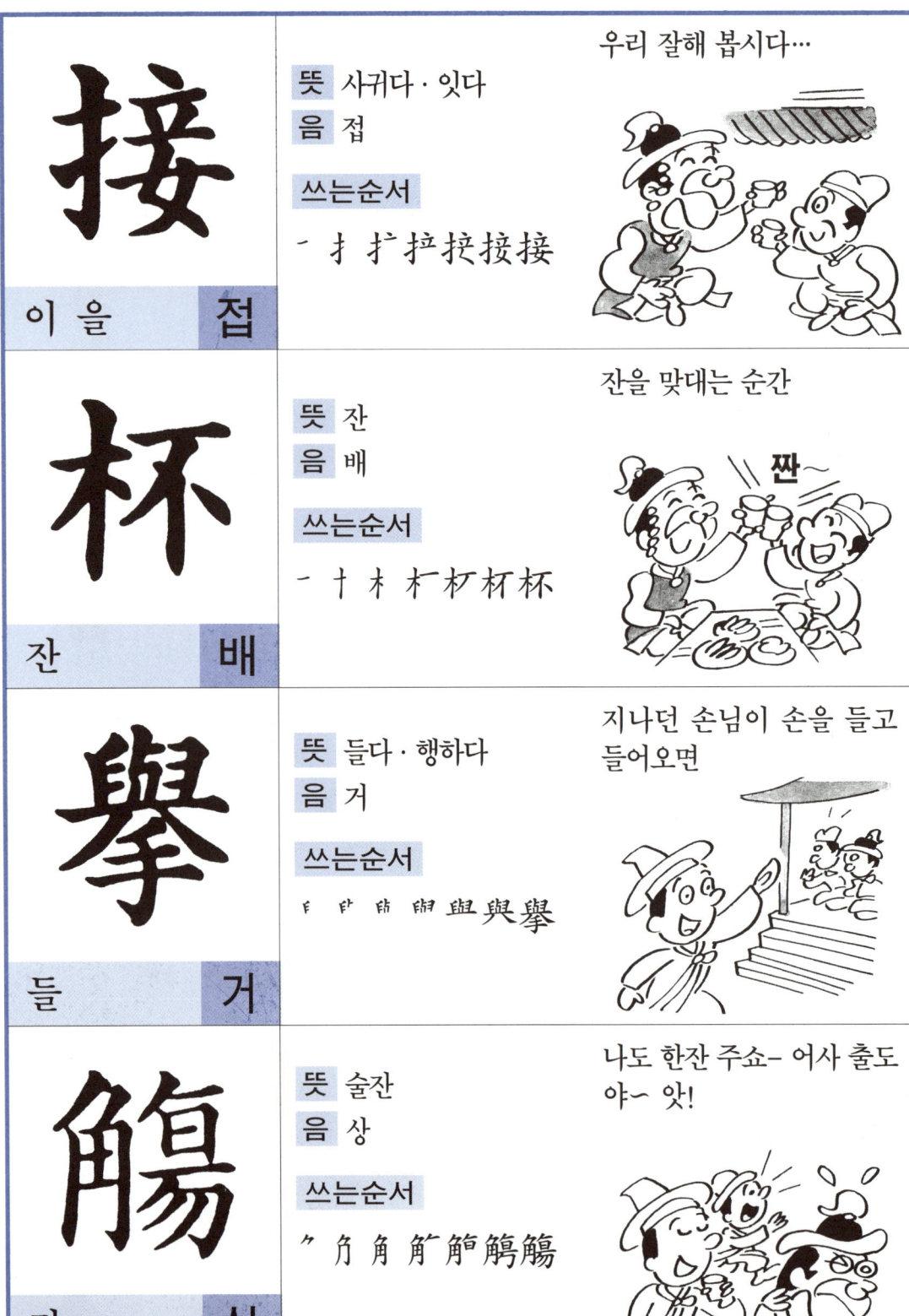

接 이을 접	뜻 사귀다·잇다 음 접 쓰는순서 一 扌 扩 护 按 接 接	우리 잘해 봅시다…
杯 잔 배	뜻 잔 음 배 쓰는순서 一 十 才 木 朳 杯 杯	잔을 맞대는 순간 짠~
擧 들 거	뜻 들다·행하다 음 거 쓰는순서 ᄃ 户 卽 朗 與 與 擧	지나던 손님이 손을 들고 들어오면
觴 잔 상	뜻 술잔 음 상 쓰는순서 ⺈ 勹 角 觔 觴 觴 觴	나도 한잔 주쇼- 어사 출도야- 앗!

접배거상 크고 작은 술잔을 서로 주고 받으며 즐기는 모습이다.

천진난만 ➡ 조금도 보탬이 없는 진실된 말

矯 들　교	**뜻** 바로잡다·들다 **음** 교 **쓰는순서** 一 두 쥬 쥬 쥬 矯 矯 矯	나좀 바로 잡아줘요~ 
 手 손　수	**뜻** 손 **음** 수 **쓰는순서** 一 二 三 手	손을 잡아 꺼내 줬습니다… 
頓 두드릴　돈	**뜻** 조아리다·두드림 **음** 돈 **쓰는순서** 一 口 屯 屯 屯 頓 頓	그는 머리를 조아리며 고맙다고 절을… 뭘… 
足 발　족	**뜻** 발 **음** 족 **쓰는순서** 一 口 口 므 므 무 足	앗!… 이번엔 내발의 버선 좀 벗겨줘요… 

교수돈족 손을 들고 발을 구르면서 춤을 춘다.

천차만별 ➡ 물건이 많아도 각각은 차이가 있고 구별이 다름.

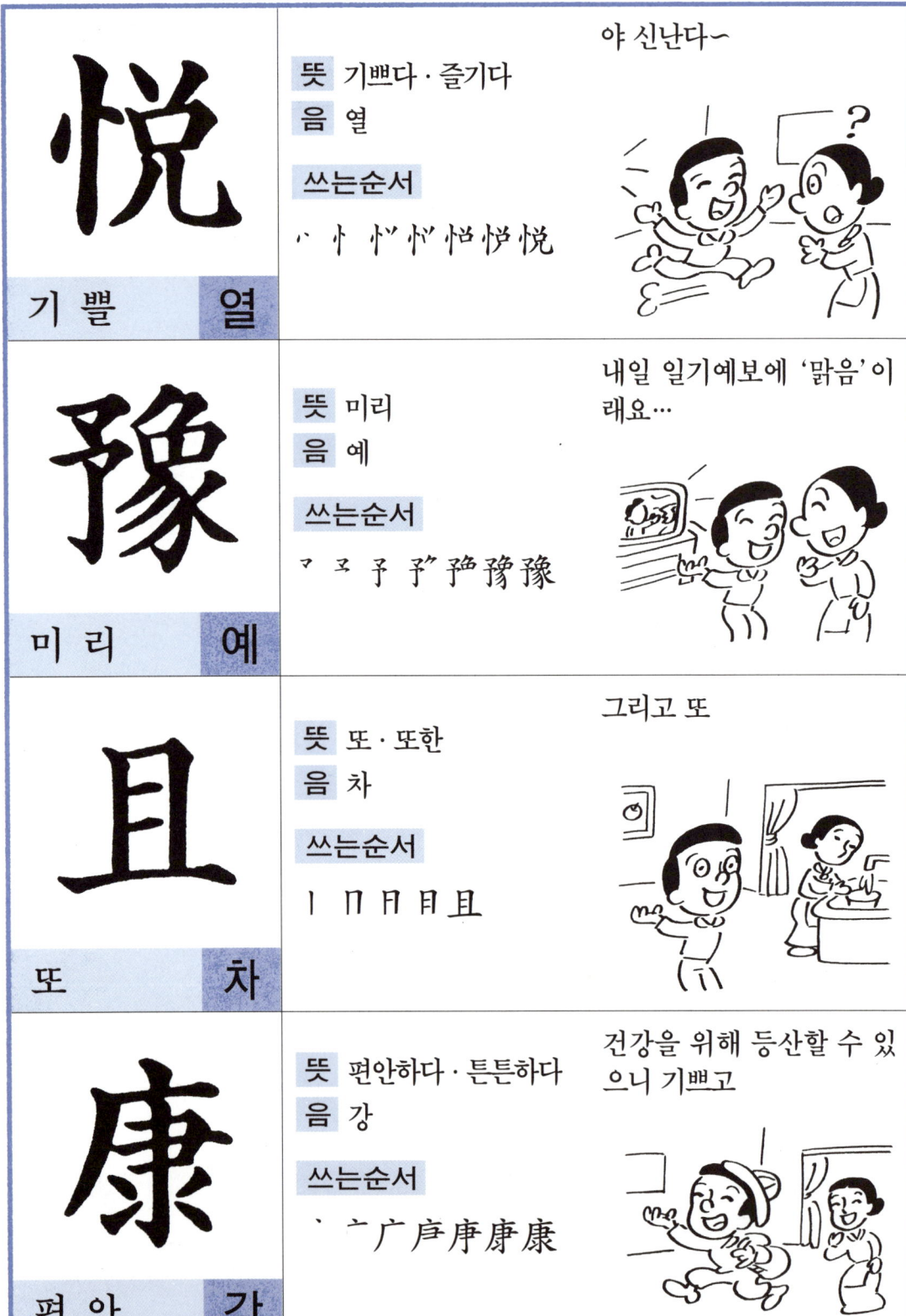

悦 기쁠 열	뜻 기쁘다·즐기다 음 열 쓰는순서 ′ 忄 忄 忄 忄 悦 悦 悦
豫 미리 예	뜻 미리 음 예 쓰는순서 フ マ 予 予 矛 豫 豫
且 또 차	뜻 또·또한 음 차 쓰는순서 丨 冂 冃 目 且
康 편안 강	뜻 편안하다·튼튼하다 음 강 쓰는순서 丶 亠 广 户 序 序 康 康

열예차강 이상과 같이 마음이 편하고 즐겁게 살면 단란한 가정인 것이다.

천추만세 ➡ 오래오래 살기를 바람.

嫡 **만** **적**	뜻 맏·본처 음 적 쓰는순서 く 女 女 女 妒 婿 嫡 嫡	본처가 낳은 자식은 가출하고 
後 **뒤** **후**	뜻 뒤 음 후 쓰는순서 ノ 彳 彳 伊 伊 後 後	후처가 낳은 아들이 효자로 
嗣 **이을** **사**	뜻 잇다 음 사 쓰는순서 口 月 月 冊 卿 嗣 嗣	대를 잇는다는 내용… 재미있다… 
續 **이을** **속**	뜻 이어가다 음 속 쓰는순서 幺 糸 紝 紝 綪 續 續	그 다음에는… 어떻게 될까? …아니? 

적후사속 적실 즉, 장남은 뒤를 이어 대를 이어간다.

천편일률 ➡ 처음부터 끝까지 똑같다.

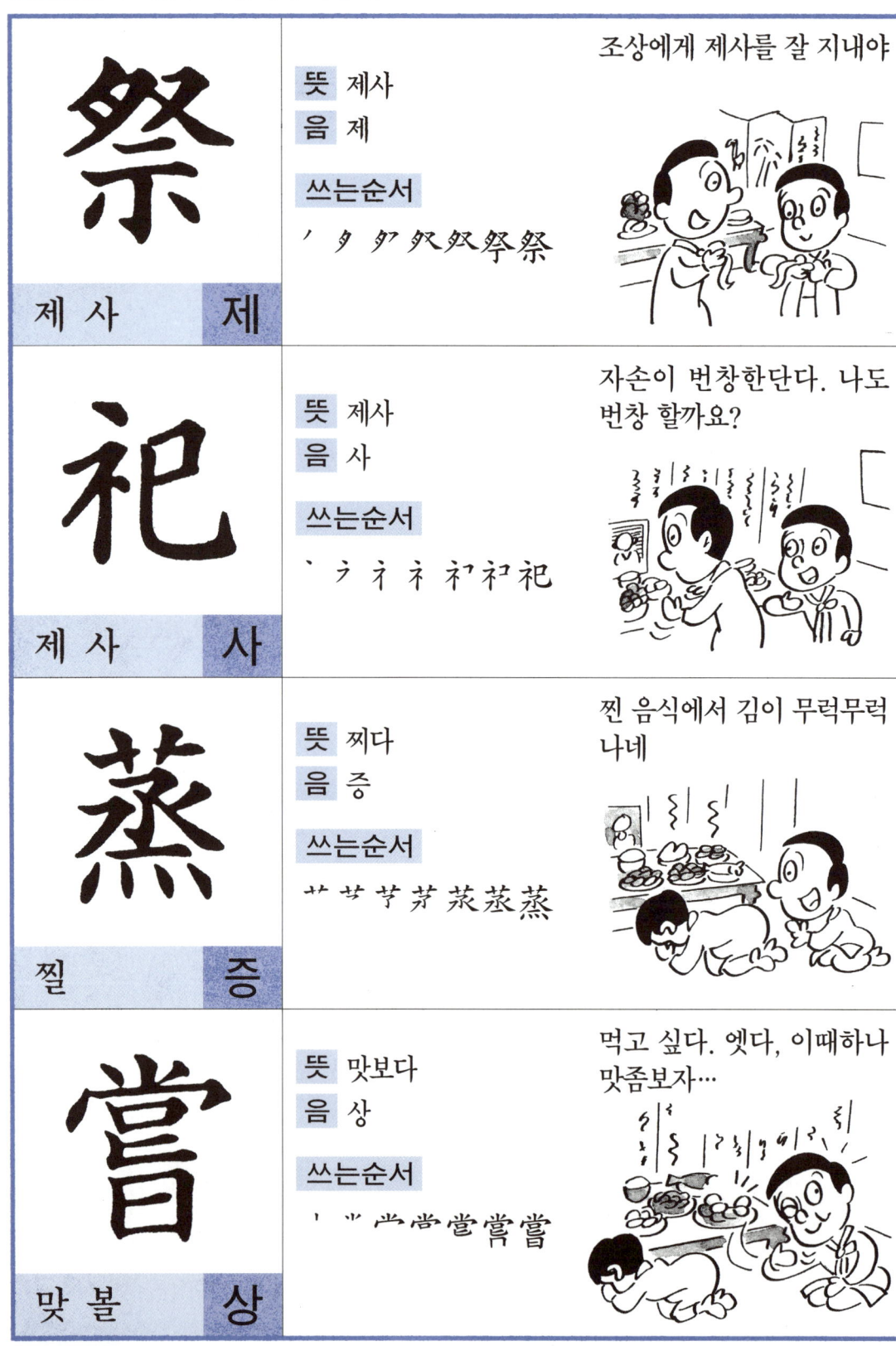

제사증상 제사를 지내되 겨울제사는 '증'이라 하고 가을 제사는 '상'이라고 한다.

천하무쌍 ➡ 하늘 아래에서 제일이다.

| 稽 조을 계 | **뜻** 머리숙이다
음 계
쓰는순서
一 千 禾 秒 秋 稺 稽 稽 | 신랑신부는 머리를 숙여서  |

| 顙 이마 상 | **뜻** 이마
음 상
쓰는순서
丶 㕣 桒 桒 顙 顙 顙 | 맞절을… 앗 이마끼리 부딪쳤네…  |

| 再 둘 재 | **뜻** 두번·다시
음 재
쓰는순서
一 丆 冂 丏 再 再 | 공손히 다시 하세요. 하객들 앞에서 쯧쯧…  |

| 拜 절 배 | **뜻** 절
음 배
쓰는순서
丿 二 三 手 扌 拝 拜 | 또… 아얏! 천생연분이구나  |

계상재배 이마를 조아리며 선조에게 두번 절을 한다.

청천병력 ➜ 구름 한 점 없는 마른 하늘에서 벼락이

悚

뜻 송구하다 · 두렵다
음 송

쓰는순서
丶 忄 忄 忄⼀ 悚 悚 悚

두려울 송

송구스럽습니다. 아버님…

懼

뜻 두려워하다
음 구

쓰는순서
丶 忄 忄 忄⼁ 忄⽬⽬ 懼 懼

두려울 구

그때일을 생각하면 두렵고

恐

뜻 두렵다 · 무섭다
음 공

쓰는순서
一 工 卫 巩 巩 恐 恐

두려울 공

무서웠어요. 천인공노할 사람들 같으니

惶

뜻 두려워하다
음 황

쓰는순서
丶 忄 忄 忄⽩ 忄⽩ 悼 惶

두려울 황

황송합니다. 이 불효자식을 용서하세요…

송구공황 송구하고, 두렵고, 황송하니, 공경함이 지극하다.

초로인생 ➡ 풀잎에 맺힌 인생같이

牋	뜻 글·현지 음 전 쓰는순서 丿丬片片片牂牋牋	
편 지 전		

牒	뜻 편지·청첩 음 첩 쓰는순서 丿丬片片片牪牒牒	
편 지 첩		

簡	뜻 간단하다·편지 음 간 쓰는순서 丿𠂉𥫗節節簡簡	
편 지 간		

要	뜻 요긴하다·구하다 음 요 쓰는순서 一一兀兀要要要	
구 할 요		

전첩간요 글과 편지는 간략함을 요한다.

추풍낙엽 ➡ 가을에 떨어지는 나뭇잎

顧

뜻 돌아보다
음 고
쓰는순서 丶 彐 戶 戶 屌 顧 顧

돌아보면 내가 지난 년초에 카드를 받고

돌아볼 고

答

뜻 대답
음 답
쓰는순서 丿 ㅅ ⺮ 欠 𥫗 答 答

회답을 안한게 얼마나 될까…?

대답 답

審

뜻 살피다·밝히다
음 심
쓰는순서 宀 宀 宁 寀 寀 審 審

다시 한 번 살펴 보자…

살필 심

詳

뜻 자세하다·상세하다
음 상
쓰는순서 丶 言 言 言' 詳 詳 詳

여기 그 명단을 상세히 적어 놓은게 있어…

자세할 상

고답심상 편지의 답장도 자세하게 살펴서 쓴다.

춘풍만면 ➡ 기쁜 모습이 얼굴에 가득하다.

骸 뼈 해	뜻 뼈·해골 음 해 쓰는순서 冂 冊 凸 骨 骨 骼 骸	실험용 해골을 보니 
垢 때 구	뜻 때·더럽다 음 구 쓰는순서 一 十 土 圹 圹 垢 垢	 전부 때가 끼고 더러우네…
想 생각할 상	뜻 생각하다 음 상 쓰는순서 一 十 才 和 相 想 想	생각해 보니 아… 
浴 목욕할 욕	뜻 목욕 음 욕 쓰는순서 丶 丶 氵 氵 汐 汐 浴 浴	 그때 사람들은 목욕을 자주 안했나봐… 

해구상욕 몸에 때가 끼면 목욕 할 생각을 한다.

충신불사이군 ➡ 충신은 두 임금을 섬기지 않는다.

執 잡을 집	뜻 잡다·가지다 음 집 쓰는순서 一 十 士 去 幸 幸 刲 執	멋 모르고 잡았더니
熱 뜨거울 열	뜻 열·뜨겁다 음 열 쓰는순서 一 十 士 去 執 執 熱	앗! 뜨거워…!
願 원할 원	뜻 원하다 음 원 쓰는순서 一 厂 厈 原 原 願 願	사람들은 뜨거울때에는 찬 것을 원하고
凉 서늘할 량	뜻 서늘하다 음 량 쓰는순서 冫 冫 冫 冫 冫 冫 凉	더울때에는 서늘한 것을 원하지…

집열원량 더울 때에는 서늘한 것을 원한다.

취생몽사 ➡ 일생동안 꿈 속에서와 같이 살다.

驢 나귀 여	뜻 나귀 음 여 쓰는순서 「 F 馬 馬 馬 驢 驢 驢	 나귀를 타고 갈까? 저건 좀 약합니다…
騾 노새 라	뜻 노새 음 라 쓰는순서 「 F 馬 馬 馬 騾 騾	 그럼 노새를 타고 갈까…?
犢 송아지 독	뜻 송아지 음 독 쓰는순서 〃 亻 牛 牜 犢 犢 犢	 아닙니다. 주인님 송아지를…
特 특별 특	뜻 특별 음 특 쓰는순서 〃 亻 牛 牜 牜 特 特	 제가 특별히 마차로 모시겠습니다… 그래…

여라독특 노새와 나귀, 송아지는 특별한 가축이다.

칠거지악 ➡ 아내를 내 보낼 때의 7가지 이유

駭 놀랄 해	뜻 놀라다 음 해 쓰는순서 「 厂 馬 馬¯ 駭 駭 駭	나무밑에 앉았던 말이 갑자기 놀라면서 
躍 뛸 약	뜻 뛰다 음 약 쓰는순서 丶 口 罒 뽀 뽀⁷ 躍 躍 躍	높이 뛰었다. 생전 안뛰던 저말이 울타리를 넘다니…? 
超 뛸 초	뜻 뛰어넘다 음 초 쓰는순서 一 十 キ 走 起 起 超	훌륭한 말… 마권을 내가 걸겠소… 사실 그말이 뛴것은 
驤 달릴 양	뜻 말이 뛰다·달리다 음 양 쓰는순서 「 厂 馬 馬¯ 驤 驤 驤	벌집을 깔고 앉았었기 때문… 이제보니 못 뛰네…?! 

해약초양 뛰고 달리면서 노는 가축의 모습

칠전팔기 ➡ 일곱번은 넘어지고 여덟번째 일어나다.

誅 벨 주	뜻 벌주다 · 베다 음 주 쓰는순서 一 늘 言 計 訐 訐 誅	저한테 벌을 내리십시오… 
斬 벨 참	뜻 베다 · 죽이다 음 참 쓰는순서 一 日 百 車 斬 斬 斬	저는 죽어 마땅 합니다… 
賊 도둑 적	뜻 도둑 · 역적 음 적 쓰는순서 丨 冂 目 貝 貝 賊 賊	저는 역적 노릇을 하고… 
盜 도둑 도	뜻 도둑 · 훔치다 음 도 쓰는순서 丶 冫 次 㳄 㳄 盜 盜	도둑질도 했습니다… 당장 옥에 넣으렸다! 

주참적도 역적과 도적은 잡아 죽이고 베어 버린다.

타산지석 ➡ 타산의 돌(타산 : 산이름)

捕 잡을 포

- 뜻 사로잡다
- 음 포
- 쓰는순서 一 亠 扌 扌 扪 捅 捕

꼼짝마라! 포로를 잡아

獲 얻을 획

- 뜻 얻다
- 음 획
- 쓰는순서 丿 亻 犭 犭 狞 猚 獲

그가 가지고 있던 물건을 얻었는데

叛 배반할 반

- 뜻 배반하다 · 모반
- 음 반
- 쓰는순서 ⺈ ⺊ 半 扌 扸 叛

이게뭐야? 평화협정을 배반하고

亡 도망 망

- 뜻 망하다
- 음 망
- 쓰는순서 丶 亠 亡

땅굴을 계속 파면 스스로 멸망한다

포획반망 배반하고 도망치는 자를 잡아 그 죄를 다스리다.

탁상공론 → 현실성이 없는 것을 논의함.

布

베 포

뜻 베

음 포

쓰는순서

一 ナ 才 右 布

여포는 어릴때 감기가 들어

射

쏠 사

뜻 쏘다

음 사

쓰는순서

′ 亻 自 身 身 射 射

주사를 맞으려면

遼

통관 요

뜻 멀다 · 통관

음 요

쓰는순서

ナ 大 大 杏 奆 尞 遼

멀리 도망을 잘 갔대…

丸

탄자 환

뜻 알 · 탄자

음 환

쓰는순서

丿 九 丸

주사기를 총알처럼 엉덩이에 꽂은채…

포사요환 한나라의 여포는 활을 잘 쏘았고 의료는 탄자를 잘 던졌다.

탐관오리 ➡ 재물에 눈이 어두운 못된 관리

嵇	뜻 메 음 혜 쓰는순서 ⺁ 千 禾 禾 秌 秇 嵇	혜강 선생님…
메 혜		
琴	뜻 거문고 음 금 쓰는순서 一 = 王 玨 珡 琹 琴	거문고를 배우러 왔습니다… 어서와요…
거문고 금		
阮	뜻 완씨 음 완 쓰는순서 ⺄ ⻏ ⻖ ⻖⺈ ⻖⺄ 阮	나는 완적 선생 한테
성 완		
嘯	뜻 휘파람 음 소 쓰는순서 丨 口 口⺂ 口⺆ 嘯 嘯 嘯	휘파람 소리를 배우러 왔어
휘파람 소		

해금완소 위나라의 혜강은 거문고를 잘 탔고 완적은 휘파람을 잘 불었다.

팔방미인 ➡ 여러 방면에 능통한 자

恬

뜻 편안하다
음 염
쓰는순서
丶 忄 忄 忄 忔 恬 恬

편안 염

진나라 몽염 선생이 토끼털로

筆

뜻 붓·글씨
음 필
쓰는순서
丿 ⺮ 竺 竺 竺 筆

붓 필

글씨를 쓸 수 있는 붓을 만들었고…

倫

뜻 인륜·윤리
음 륜
쓰는순서
亻 仏 仒 伶 伶 伶 倫

인륜 륜

후한 때 채륜 선생이 누에 고치에서 나오는 솜으로

紙

뜻 종이
음 지
쓰는순서
幺 糸 糸 紆 紙 紙 紙

종이 지

종이를 처음 만드셨지… 그리고 번데기는 혼자 다 자셨나?

염필윤지 진국봉념은 토끼털로 처음 붓을 만들었고 후한의 채륜이 종이를 처음 만들었다.

평지풍파 ➡ 평온한 땅에 바람과 물결이 세차게 분다.

鈞

- 뜻 무게단위
- 음 균
- 쓰는순서
  丿 ㅗ 金 金 鈞 鈞 鈞

무거울 균

한나라 때 마균 선생은

巧

- 뜻 교묘하다
- 음 교
- 쓰는순서
  一 丁 工 丂 巧

공교 교

교묘한 재주가 있어 지남차를 만드셨고

任

- 뜻 맡다·맡기다
- 음 임
- 쓰는순서
  丿 亻 亻 仁 任

맡길 임

임공자는 요즘 많이 사용하고 있는

釣

- 뜻 낚시·낚다
- 음 조
- 쓰는순서
  丿 ㅗ 金 金 釣 釣

낚시 조

낚시를 처음 만들었지…
임씨 때문에 나는 망했다~

균교임조 위나라 마균은 지남거를 만들었고 전국시대 임공자가 낚시를 처음으로 만들었다.

포복절도 ➡ 배를 움켜쥐고 넘어질 정도로 웃는다.

釋 놓을 석	뜻 풀이하다 · 놓다 음 석 쓰는순서 丿㔾쭈乎采釈釋釋	형무소에서 풀려난 그는 
紛 어지러울 분	뜻 어지럽다 음 분 쓰는순서 㒲㒲糸糸糽紛紛	다시는 세상을 어지럽히지도 않고 
利 이할 리	뜻 이롭다 음 리 쓰는순서 丿二千禾禾利利	자기 이익만 챙기지도 않고 
俗 풍속 속	뜻 풍속 · 속되다 음 속 쓰는순서 丿亻亻俗俗俗俗俗	속세에 묻혀서 조용히 살았다… 

석분이속 이상 팔인이 자질을 발휘하여 어지러움을 풀고 세상 풍속을 이롭게 하였다.

포식난의 ➜ 배부르게 먹고 따뜻하게 입는다.

竝 아우를 병	뜻 아우르다·나란히 음 병 쓰는순서 丶 亠 立 효 효 竝 竝	작품들을 나란히 붙여놔라 
皆 다 개	뜻 모두·다 음 개 쓰는순서 丨 上 比 毕 毕 皆	음- 모두 
佳 아름다울 가	뜻 아름답다 음 가 쓰는순서 ノ 亻 仁 仕 佳 佳 佳	아름다운 작품들이구나 
妙 묘할 묘	뜻 묘하다 음 묘 쓰는순서 く 夕 女 刘 刘 妙 妙	너희들에게 이렇게 묘한 재주가 있을 줄은 미처 몰랐다… 

병개가묘 위 사람들은 모두다 아름다우며 묘한 재주를 지녔다.

풍비박산 ➡ 사방으로 날아가 흩어짐.

毛 털　모	뜻 털 음 모 쓰는순서 ` ⸍ ⸗ 三 毛 `	어머니는 언니 입학기념으 로 모직으로 된
施 베풀　시	뜻 베풀다 음 시 쓰는순서 ` ⸍ ⸗ 方 方 斿 斿 施 施 `	새옷을 사 주셨지…
淑 맑을　숙	뜻 맑다 · 얌전하다 음 숙 쓰는순서 ` ⸍ 氵 汁 汁 沫 沫 淑 淑 `	새옷을 입은 언니는 맑고
姿 모양　자	뜻 맵시 · 모습 음 자 쓰는순서 ` ⸍ ⸗ 冫 次 次 姿 姿 `	아름다운 자태를 들어냈다 다시 봐야 겠는데…

모시숙자 '모'는 오의 '오장'이라는 여인이고 '시'는 월의 '서시'라는 여인인데 모두 아름다웠다.

풍전등화 ➡ 바람앞의 등불과 같이 위급함.

工 장인 공	뜻 공교하다 · 장인 음 공 쓰는순서 一 T 工	누나는 공장에 다니면서
嚬 찡그릴 빈	뜻 찡그리다 음 빈 쓰는순서 口 吖 咁 哨 嚬 嚬 嚬	조금도 얼굴을 찡그리지 않고
姸 고울 연	뜻 곱다 · 아름답다 음 연 쓰는순서 く 夕 女 女 女 妍 姸	항상 고운 얼굴에
笑 웃음 소	뜻 웃음 음 소 쓰는순서 ノ ㅅ 竹 竻 竺 笑 笑	웃음이 떠나지 않는다… 안녕~

공빈연소 오장과 서시 두 여인의 웃는 모습은 더욱 곱고 아름다웠다.

하로동선 ➜ 여름에는 화로, 겨울에는 부채, 쓸데가 없음.

| 年
해　년 | 뜻 해·세월
음 년
쓰는순서
ノ ト ト ヒ 뚜 年 | 2002년에 한국에서 월드컵 경기가 있었다.
 |

| 矢
살　시 | 뜻 화살
음 시
쓰는순서
ノ ト ニ 午 矢 | 화살처럼 볼을 넣어 이기고…
 |

| 每
매양　매 | 뜻 매양·마다
음 매
쓰는순서
ノ ト 匕 佰 每 每 | 8강에서도 이겨 매번 승리하였다…
 |

| 催
재촉　최 | 뜻 재촉하다
음 최
쓰는순서
ノ 亻 亻' 亻" 俨 俨 催 | 4강까지 올라가 주최국의 위력을 과시했다.
 |

연시매최　세월은 화살같이 빠르다.

학수고대 ➡ 닭들이 많이 있는 곳에 큰 학이 있다.

義 복희 희	뜻 복희씨·기운 음 희 쓰는순서 丷䒑至羊莠義義	그것은 불가사의한 기운이 있어 보였다 
暉 빛날 휘	뜻 빛나다 음 휘 쓰는순서 丨日日'日''日'昍暉暉	그리고 찬란히 빛나고 있었다 
朗 밝을 랑	뜻 밝다·맑다 음 랑 쓰는순서 丶彐阜良良朗朗	또 자랑스러운 신라 화랑도의 얼… 
曜 빛날 요	뜻 빛나다·요일 음 요 쓰는순서 日日'日''日'''昍昍曜	나는 지난 일요일 경주에 갔었지… 

희휘낭요 태양 빛은 온 세상을 비추어 만물에게 혜택을 준다.

한강투석 ➜ 한강에 돌을 던지다.

璇 구슬 선	뜻 아름다운 옥·구슬 음 선 쓰는순서 丁 干 王 玷 玹 琁 璇	색이 아름답고 
璣 구슬 기	뜻 구슬 음 기 쓰는순서 丁 干 王 珎 璣 璣 璣	마치 구슬같은 
懸 달 현	뜻 매달리다·걸다 음 현 쓰는순서 日 且 早 県 縣 縣 懸	사탕이 매달려 있네. 손 안 대고 
斡 돌 알	뜻 돌리다 음 알 쓰는순서 一 十 古 卓 卓 幹 斡	떼어 먹기 시합… 자꾸 돌아가서 입에 안닿네… 

선기현알 선기는 천기를 관찰하는 기구로서 높이 걸려 있다.

함구불언 ➡ 입을 다물어 아무 말도 하지 않음.

晦 그믐 회	뜻 그믐·어둡다 음 회 쓰는순서 丨 日 日⁻ 日⁻ 晦 晦 晦	어두운 그믐 밤이군 
魄 넋 백	뜻 넋·달빛 음 백 쓰는순서 丨 白 白' 魄 魄 魄	이럴 때 달빛 이라도 있었으면 
環 고리 환	뜻 두르다·고리 음 환 쓰는순서 丁 王 王' 王'' 琞 環 環	강주위에 빙둘러져 있는 
照 비칠 조	뜻 비추다·대조하다 음 조 쓰는순서 丨 日 日' 日'' 昭 照 照	경치가 비추어 더 아름다울 텐데… 

회백환조 달은 마치 고리와 같이 돌면서 천지를 비춘다.

함흥차사 ➡ 함흥에 간 심부름꾼. (돌아오지 않음을)

指 손가락 지	뜻 가리키다 · 손가락 음 지 쓰는순서 一 十 才 才 扩 指 指 指	지난 겨울 방학때 나는 직지사에 갔는데 
薪 나무 신	뜻 섶 · 땔나무 음 신 쓰는순서 艹 艹 莊 菥 薪 薪 薪	그곳 동자스님은 땔나무를 하고 
修 닦을 수	뜻 닦다 · 익히다 음 수 쓰는순서 亻 亻 亻 修 俢 修 修	또 수도를 하였다. 
祐 복 우	뜻 돕다 · 복 음 우 쓰는순서 亠 礻 礻 礻 祐 祐 祐	돌아 오는 길에 어려운 사람을 도와 줬지… 

지신수우 불타는 나무처럼 정열을 가지고 몸을 닦으면 복이 온다.

행방불명 ➡ 어디로 갔는지 분명하지 않다.

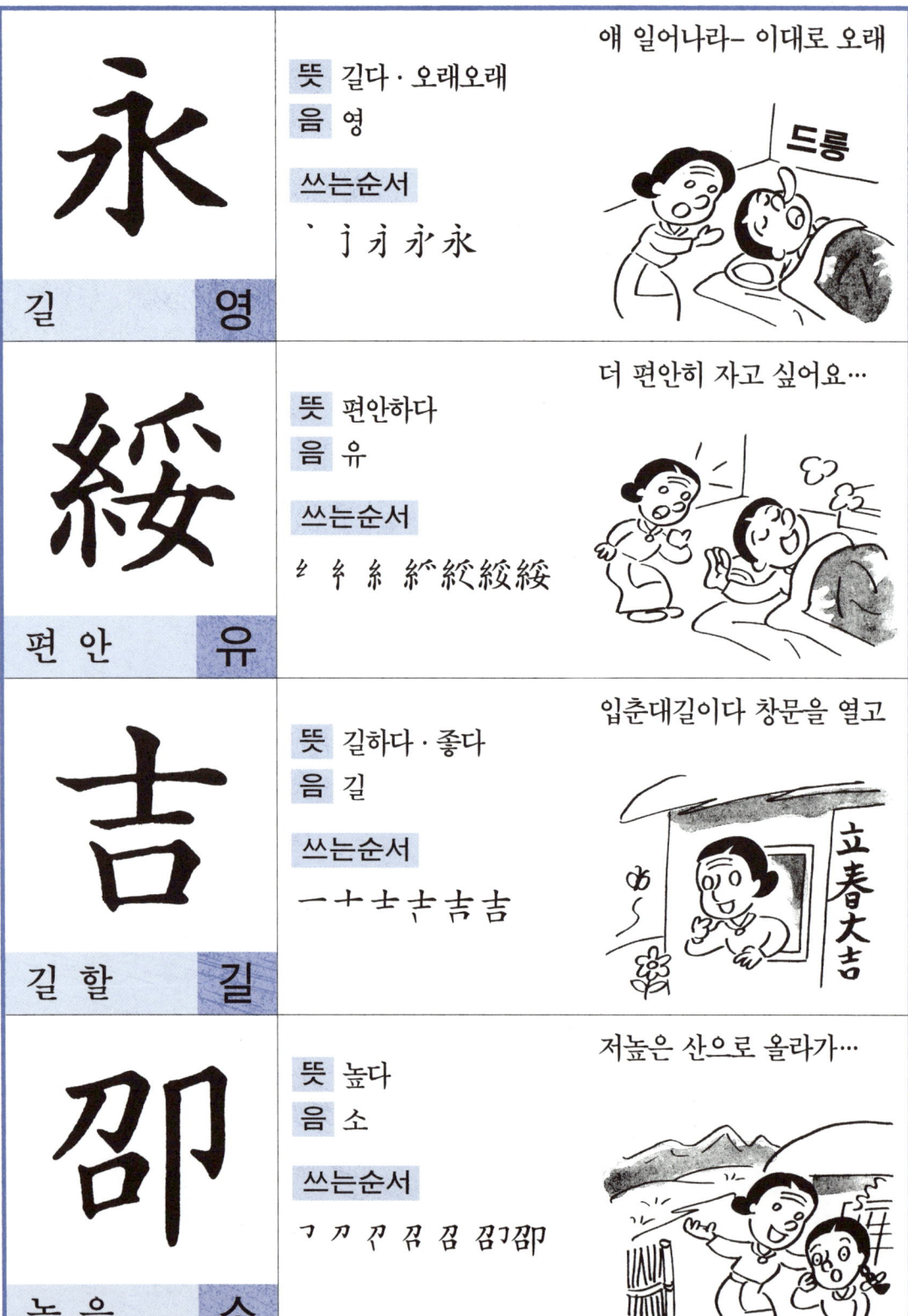

永 길 영	뜻 길다·오래오래 음 영 쓰는순서 ` 亅 歺 永 永	애 일어나라- 이대로 오래
綏 편안 유	뜻 편안하다 음 유 쓰는순서 乚 纟 糹 紵 絞 綏 綏	더 편안히 자고 싶어요…
吉 길할 길	뜻 길하다·좋다 음 길 쓰는순서 一 十 士 吉 吉 吉	입춘대길이다 창문을 열고
卲 높을 소	뜻 높다 음 소 쓰는순서 フ ㄗ ㄗㄱ 卲 卲 卲 卲	저높은 산으로 올라가…

영유길소 영구히 편안하고 길함이 높을 것이다.

행운유수 ➡ 변화무쌍 하다. 각양각색

矩 법 구	뜻 법 음 구 쓰는순서 ノ ㅗ 矢 矢 矩 矩 矩	길에서도 법규를 지켜야지… 
步 걸음 보	뜻 걸음 음 보 쓰는순서 丨 ㅏ ㅑ 歨 步 步 步	급하다고 차길로 걸어가면 
引 끌 인	뜻 이끌다·당기다 음 인 쓰는순서 ᄀ ᄀ 弓 引	교통경찰이 잡아당긴다… 
領 차지할 령	뜻 옷깃·차지하다 음 령 쓰는순서 ノ ㅅ 今 今 領 領 領	내 옷깃을 잡더니 호령하기를… 

구보인령 걸음을 바르게 걷고 옷깃을 여미어 행실을 바르게 하면 당당하다.

허심탄회 ➡ 아무 숨김없이 솔직하게 털어 놓음.

俯 굽을 부	뜻 엎드리다·구부리다 음 부 쓰는순서 亻亻广伫伫俯俯	성현들의 위패 앞에 엎드려 절을 하고 
仰 우러를 앙	뜻 우러러 보다 음 앙 쓰는순서 丿亻亻仆仰仰	우러러 보며 얼을 되 새겨야… 
廊 행랑 랑	뜻 행랑·곁채 음 랑 쓰는순서 亠广庐庐庐廊廊	행랑에 있는 저는 
廟 사당 묘	뜻 사당·종묘 음 묘 쓰는순서 亠广广庐庙廟廟	작은 사당에서는 서서 절을 해도 되죠? 

부앙낭묘 항상 낭묘에 있는 것으로 생각하고 머리숙여 예의를 지켜라.

허장성세 ➡ 공연히 허풍을 떨다.

묶을 속

- 뜻: 묶다 · 약속
- 음: 속
- 쓰는순서: 一 丆 戸 束 束 束

오는 여름방학때 여기서 다시 만나기로 약속하자…

띠 대

- 뜻: 띠 · 데리고 있다
- 음: 대
- 쓰는순서: 一 卅 卅 卅 卅 帶 帶

그리고 우정의 표시로 혁대를 서로 바꾸자…

자랑 긍

- 뜻: 자랑하다
- 음: 긍
- 쓰는순서: 丁 그 子 矛 矜 矜 矜

우리는 이렇게 자랑할만한 우정을 간직한 채

씩씩할 장

- 뜻: 장엄하다
- 음: 장
- 쓰는순서: 艹 艹 壮 莊 莊 莊 莊

서운했지만 장엄하게 헤어졌지…

속대긍장 의복을 단정하게 함으로써 긍지를 갖게 된다.

혈혈단신 ➡ 아무데도 의지 할 곳 없는 홀몸

徘 배회 배	뜻 배회·거닐다 음 배 쓰는순서 ノ ク 彳 彳 彳 彳 彳 徘 徘	난 가끔 그곳을 떠돌아 다니며 
徊 배회 회	뜻 어정거리다 음 회 쓰는순서 ノ ク 彳 彳 彳 徊 徊 徊	배회했다… 
瞻 볼 첨	뜻 보다·쳐다보다 음 첨 쓰는순서 丨 目 目 旷 旷 瞻 瞻	그리고 멀리서 쳐다보고 
眺 볼 조	뜻 바라보다 음 조 쓰는순서 丨 冂 目 即 即 眺 眺	바라 보았지. 작별한 그 친구를 생각하며… 

배회첨조 같은 장소를 배회하면서 두루 살펴본다.

형설지공 ➡ 반디불이로 공부하여 성공하다.

孤 외로울 고	뜻 외롭다 음 고 쓰는순서 了 孑 孑 孑 孤 孤 孤	고아가 된것도 서러운데 
陋 더러울 루	뜻 더럽다·추하다 음 루 쓰는순서 阝 阝 阝ˊ 阿 陋 陋 陋	나에게 도둑의 누명까지 씌우다니 
寡 적을 과	뜻 적다 음 과 쓰는순서 宀 宀 宀 宣 寅 寡 寡	과부 자식으로 
聞 들을 문	뜻 듣다 음 문 쓰는순서 丨 卩 卩 門 門 聞 聞	소문이 난건 틀렸어요. 난 어머니가 계세요… 

고루과문 배운것은 고루하고 들은것이 적다. (천자문 저자가 스스로 겸손함을 나타냄.)

호구지책 ➡ 오직 먹고 살기 위한 방법

愚
어리석을 우

- 뜻 어리석다
- 음 우
- 쓰는순서 ㅁ 日 旵 禺 禺 愚 愚

蒙
어릴 몽

- 뜻 어리석다 · 어리다
- 음 몽
- 쓰는순서 艹 芢 莒 萱 萝 蒙 蒙

等
무리 등

- 뜻 무리 · 등급
- 음 등
- 쓰는순서 丿 ㅗ ㅗ 竹 竺 等 等

誚
꾸짖을 초

- 뜻 꾸짖다
- 음 초
- 쓰는순서 ㄴ ㅗ 言 言 訁 誚 誚

우몽등초 적고 어리석으며 못난자와 같이 남으로부터 꾸지람을 듣는다.

호사다마 ➡ 좋은 일에는 언제나 방해가 있다.

謂
이를 위

- 뜻 이르다
- 음 위
- 쓰는순서
  一 二 主 言 訓 訶 訶 謂 謂 謂

선생님은 언제나 훌륭한 사람이 되라고

語
말씀 어

- 뜻 말씀·말하다
- 음 어
- 쓰는순서
  一 二 主 言 訓 訶 訶 語 語 語

말씀하셨지…

助
도울 조

- 뜻 돕다
- 음 조
- 쓰는순서
  丨 刀 冂 冃 且 助 助

그러나 누가 도와 줘야지…

者
놈 자

- 뜻 사람·놈·것
- 음 자
- 쓰는순서
  一 十 土 耂 耂 者 者

사람은 혼자서는 성공을 못 합니다. 내가 있잖아…?

위어조자 어조라 함은 한문의 조사 즉, 다음 글자이다.

호시탐탐 ➡ 눈을 호랑이 처럼 뜨고 노려 보다.

焉 이끼 언	뜻 어찌·어조사 음 언 쓰는순서 一 丁 正 下 下 焉 焉 焉	사람이 성공을 하려면 어찌 그것 뿐이겠습니까?
哉 이끼 재	뜻 그런가·어조사 음 재 쓰는순서 一 十 土 吉 告 哉 哉 哉	그런가 하면 운도 좋아야 하고
乎 온 호	뜻 …에…보다·어조사 음 호 쓰는순서 ノ ヒ ㅛ 쯔 乎	남 보다 뛰어나야 하고…
也 이끼 야	뜻 어조사 음 야 쓰는순서 ㄱ ㅂ 也	그리고 야하지 말아야 합니다. 안녕히 계십시오…

언재호야 언·재·호·야 네글자는 어조사로 쓰인다.

모양이 비슷하여 혼돈하기 쉬운 한자 (1)

佳(가)	佳節(가절)	困(곤)	疲困(피곤)	技(기)	技能(기능)	栗(률)	生栗(생률)
往(왕)	往來(왕래)	囚(수)	囚人(수인)	枝(지)	枝葉(지엽)	粟(속)	粟米(속미)
住(주)	住宅(주택)	因(인)	因果(인과)				
				壇(단)	祭壇(제단)	隣(린)	隣接(인접)
各(각)	各種(각종)	功(공)	功勞(공로)	檀(단)	檀君(단군)	憐(련)	憐憫(연민)
名(명)	姓氏(성씨)	巧(교)	巧妙(교묘)				
		切(절)	切斷(절단)	旦(단)	一旦(일단)	幕(막)	天幕(천막)
間(간)	間接(간접)			且(차)	苟且(구차)	慕(모)	追慕(추모)
問(문)	質問(질문)	官(관)	官吏(관리)				
		宮(궁)	宮女(궁녀)	堂(당)	堂號(당호)	漫(만)	漫評(만평)
干(간)	干城(간성)			當(당)	當否(당부)	慢(만)	慢心(만심)
于(우)	于今(우금)	壞(괴)	破壞(파괴)				
千(천)	千年(천년)	壤(양)	土壤(토양)	代(대)	代理(대리)	末(말)	末世(말세)
		懷(회)	懷疑(회의)	伐(벌)	征伐(정벌)	未(미)	未着(미착)
甲(갑)	甲兵(갑병)						
申(신)	申告(신고)	橋(교)	橋梁(교량)	待(대)	待接(대접)	眠(면)	冬眠(동면)
		矯(교)	矯正(교정)	侍(시)	侍女(시녀)	眼(안)	眼目(안목)
開(개)	開拓(개척)						
聞(문)	見聞(견문)	具(구)	具備(구비)	挑(도)	挑戰(도전)	免(면)	任免(임면)
		貝(패)	貝物(패물)	桃(도)	桃李(도리)	兎(토)	兎皮(토피)
客(객)	主客(주객)						
容(용)	容貌(용모)	九(구)	九拾(구십)	徒(도)	學徒(학도)	明(명)	文明(문명)
		丸(환)	丸藥(환약)	從(종)	順從(순종)	朋(붕)	朋友(붕우)
巨(거)	巨作(거작)						
臣(신)	臣下(신하)	句(구)	句節(구절)	島(도)	島民(도민)	募(모)	募集(모집)
		旬(순)	中旬(중순)	烏(오)	烏口(오구)	暮(모)	暮雪(모설)
犬(견)	忠犬(충견)			鳥(조)	鳥獸(조수)	墓(묘)	墓地(묘지)
大(대)	大小(대소)	拘(구)	拘束(구속)				
太(태)	太陽(태양)	狗(구)	走狗(주구)	刀(도)	短刀(단도)	矛(모)	矛盾(모순)
				刃(인)	刃創(인창)	予(여)	子奪(여탈)
遣(견)	派遣(파견)	券(권)	福券(복권)				
遺(유)	遺産(유산)	卷(권)	卷數(권수)	兩(량)	兩立(양립)	戊(무)	戊種(무종)
				雨(우)	風雨(풍우)	戌(술)	戌時(술시)
決(결)	決行(결행)	斤(근)	斤量(근량)			成(성)	成事(성사)
快(쾌)	快樂(쾌락)	斥(척)	排斥(배척)	旅(려)	旅行(여행)		
				族(족)	民族(민족)	墨(묵)	墨畵(묵화)
頃(경)	頃刻(경각)	今(금)	今日(금일)			黑(흑)	黑幕(흑막)
項(항)	項目(항목)	令(령)	命令(명령)	戀(련)	戀慕(연모)		
				蠻(만)	蠻勇(만용)	微(미)	微力(미력)
考(고)	參考(참고)	己(기)	各己(각기)			徵(징)	徵集(징집)
老(로)	老人(노인)	巳(사)	乙巳(을사)	綠(록)	綠色(녹색)		
		已(이)	已往(이왕)	緣(연)	緣分(연분)	密(밀)	密集(밀집)
苦(고)	苦惱(고뇌)					蜜(밀)	蜜語(밀어)
若(약)	若干(약간)	起(기)	起立(기립)	陸(륙)	陸地(육지)		
		赴(부)	赴任(부임)	睦(목)	和睦(화목)	薄(박)	薄氷(박빙)
						簿(부)	名簿(명부)

모양이 비슷하여 혼돈하기 쉬운 한자 (2)

夫(부)	夫君(부군)	析(석)	分析(분석)	嗚(오)	嗚咽(오열)	爪(조)	爪甲(조갑)
矢(시)	弓矢(궁시)	折(절)	屈節(굴절)	鳴(명)	鳴禽(명금)	瓜(과)	瓜菜(과채)
失(실)	失手(실수)	宣(선)	宣戰(선전)	午(오)	午後(오후)	早(조)	早起(조기)
北(북)	北方(북방)	宜(의)	便宜(편의)	牛(우)	牛馬(우마)	旱(한)	旱害(한해)
比(비)	比例(비례)	設(설)	建設(건설)	玉(옥)	玉石(옥석)	陣(진)	陣地(진지)
此(차)	此際(차제)	說(설)	說敎(설교)	王(왕)	王室(왕실)	陳(진)	陳列(진열)
墳(분)	墳墓(분묘)	雪(설)	螢雪(형설)	壬(임)	壬午(임오)	側(측)	側近(측근)
憤(분)	憤怒(분노)	雲(운)	雲集(운집)	曰(왈)	曰可(왈가)	測(측)	測量(측량)
粉(분)	粉末(분말)	俗(속)	俗世(속세)	日(일)	日氣(일기)	歎(탄)	歎息(탄식)
紛(분)	紛爭(분쟁)	裕(유)	裕福(유복)	瓦(와)	瓦解(와해)	歡(환)	歡心(환심)
分(분)	分權(분권)	衰(쇠)	盛衰(성쇠)	互(호)	相互(상호)	幣(폐)	幣物(폐물)
兮(혜)	耶兮(야혜)	哀(애)	哀歡(애환)	搖(요)	搖動(요동)	弊(폐)	弊端(폐단)
佛(불)	佛敎(불교)	須(수)	必須(필수)	謠(요)	民謠(민요)	閉(폐)	閉門(폐문)
拂(불)	拂子(불자)	順(순)	順從(순종)	遙(요)	遙遠(요원)	閑(한)	閑暇(한가)
婢(비)	婢隷(비예)	遂(수)	完遂(완수)	由(유)	事由(사유)	標(표)	標準(표준)
碑(비)	碑石(비석)	逐(축)	驅逐(구축)	田(전)	田畓(전답)	漂(표)	漂流(표류)
貧(빈)	貧富(빈부)	辛(신)	辛苦(신고)	油(유)	石油(석유)	何(하)	如何(여하)
貪(탐)	貪官(탐관)	幸(행)	幸福(행복)	抽(추)	抽出(추출)	河(하)	河川(하천)
氷(빙)	氷上(빙상)	深(심)	水深(수심)	人(인)	人口(인구)	恨(한)	恨歎(한탄)
水(수)	食水(식수)	探(탐)	探求(탐구)	入(입)	入口(입구)	限(한)	限時(한시)
永(영)	永久(영구)	揚(양)	揚名(양명)	八(팔)	八方(팔방)	享(향)	享樂(향락)
師(사)	師弟(사제)	楊(양)	楊柳(양류)	栽(재)	栽培(재배)	亨(형)	亨通(형통)
帥(수)	元帥(원수)	堤(제)	堤防(제방)	裁(재)	裁斷(재단)	弦(현)	弦月(현월)
捨(사)	取捨(취사)	提(제)	提高(제고)	摘(적)	指摘(지적)	絃(현)	絃樂(현악)
拾(습)	拾得(습득)	如(여)	如意(여의)	滴(적)	餘滴(여적)	刑(형)	形事(형상)
思(사)	思考(사고)	奴(노)	奴婢(노비)	適(적)	適合(적합)	形(형)	形象(형상)
恩(은)	恩惠(은혜)	好(호)	好人(호인)	漸(점)	漸次(점차)	毫(호)	秋毫(추호)
士(사)	士林(사림)	與(여)	授與(수여)	慚(참)	無慚(무참)	豪(호)	豪傑(호걸)
土(토)	土木(토목)	興(흥)	興亡(흥망)	情(정)	感情(감정)	浩(호)	浩茫(호망)
象(상)	象牙(상아)	亦(역)	亦是(역시)	淸(청)	淸掃(청소)	活(활)	生活(생활)
衆(중)	大衆(대중)	赤(적)	赤色(적색)	燥(조)	乾燥(건조)	侯(후)	諸侯(제후)
書(서)	書式(서식)	營(영)	營業(영업)	操(조)	操縱(조종)	候(후)	氣候(기후)
晝(주)	晝夜(주야)	螢(형)	螢光(형광)				
畵(화)	畵室(화실)						

한가지 글자에서 서로 다른 음(音)과 뜻을 가진 한자 (1)

한자	훈음	예
降	내릴 강 항복할 항	下降(하강) 降伏(항복)
更	다시 갱 고칠 경 바꿀 경	更生(갱생) 更訂(경정) 更迭(경질)
車	수레 거 수레 차	車馬(거마) 車輛(차량)
乾	하늘 건 마를 간	乾坤(건곤) 乾淨(간정)
見	볼 견 드러날 현 뵈올 현	見地(견지) 見身(현신) 謁見(알현)
契	맺을 계 나라이름 글 애쓸 결	契印(계인) 契丹(글안) 契活(결활)
告	알릴 고 뵙고청할 곡	告白(고백) 出必告(출필곡)
句	글귀 구 귀절 귀	句讀(구독) 句節(귀절)
龜	땅이름 구 거북 귀 터질 균	龜浦(구포) 龜鑑(귀감) 龜裂(균열)
金	쇠 금 성 김	金庫(금고) 金氏(김씨)
豈	어찌 기 승전악 개	豈敢(기감) 豈樂(개악)
內	안 내 여관 나	內外(내외) 內人(나인)
奈	어찌 내 어찌 나	奈何(내하) 奈落(나락)
茶	차 다 차 차	茶房(다방) 茶禮(차례)
丹	붉을 단 나라이름 안	丹楓(단풍) 契丹(글안)
度	법 도 헤아릴 탁	制度(제도) 度支(탁지)
糖	엿 당 엿 탕	糖分(당분) 砂糖(사탕)
讀	읽을 독 구절 두	讀書(독서) 吏讀(이두)
洞	마을 동 통할 통	洞里(동리) 洞角(통각)
樂	즐길 락 풍류 악 좋아할 요	苦樂(고락) 音樂(음악) 樂山(요산)
率	비율 률 거느릴 솔	能率(능률) 統率(통솔)
反	돌이킬 반 뒤칠 번	反問(반문) 反畓(번답)
復	회복할 복 다시 부	回復(회복) 復活(부활)
否	아닐 부 막힐 비	否決(부결) 否運(비운)
北	북녘 북 달아날 배	北極(북극) 敗北(패배)
不	아닐 불 아닐 부	不法(불법) 不當(부당)
寺	절 사 내시 시	寺刹(사찰) 寺人(시인)
殺	죽일 살 감할 쇄	殺生(살생) 相殺(상쇄)
塞	변방 새 막을 색	要塞(요새) 塞源(색원)
索	찾을 색 동아줄 삭	索引(색인) 索莫(삭막)
省	살필 성 덜 생	省內(성내) 省略(생략)
說	말씀 설 달랠 세 기쁠 열	說明(설명) 遊說(유세) 說喜(열희)
泄	샐 설 흩어질 예	漏泄(누설) 泄泄(예예)
衰	쇠할 쇠 상복 최	衰弱(쇠약) 衰服(최복)
數	셀 수 자주 삭 촘촘할 촉	數量(수량) 頻數(빈삭) 數苦(촉고)
拾	주을 습 열 십	拾得(습득) 參拾(삼십)
氏	성 씨 나라이름 지	姓氏(성씨) 月氏(월지)

한가지 글자에서 서로 다른 음(音)과 뜻을 가진 한자 (2)

食	먹을 식 밥 사	客食(객식) 疏食(소사)	差	어긋날 차 충질 치	差別(차별) 參差(참치)
識	알 식 기록할 지	識見(식견) 標識(표지)	參	참여할 참 석 삼	參拜(참배) 參萬(삼만)
什	열 십 세간 집	什長(십장) 什器(집기)	佐	도울 좌 도울 자	保佐(보좌) 佐飯(자반)
惡	악할 악 미워할 오	善惡(선악) 惡寒(오한)	拓	열 척 밀 칠 탁	開拓(개척) 拓本(탁본)
易	바꿀 역 바꿀 역	周易(주역) 容易(용이)	推	천거할 추 밀 퇴	推究(추구) 推窓(퇴창)
厭	싫을 염 덮을 엄 누를 엽	厭世(염세) 厭然(엄연) 厭勝(엽승)	則	법 칙 곧 즉	規則(규칙) 然則(연즉)
葉	입 엽 성 섭	落葉(낙엽) 葉氏(섭씨)	沈	잠길 침 성 심	沈沒(침몰) 沈氏(심씨)
咽	목구멍 인 목멜 열	咽頭(인두) 嗚咽(오열)	宅	집 택 댁 댁	住宅(주택) 宅內(댁내)
刺	찌를 자 찌를 척	刺客(자객) 刺殺(척살)	暴	사나울 폭 사나울 포	暴雪(폭설) 暴惡(포악)
狀	문서 장 형상 상	狀書(장서) 狀態(상태)	便	편할 편 오줌 변	便利(편리) 便所(변소)
著	나타낼 저 붙을 착	著述(저술) 著色(착색)	幅	폭 폭 폭 복	大幅(대폭) 幅巾(복건)
切	끊을 절 모두 체	切斷(절단) 一切(일체)	合	합할 합 홉 흡	合邦(합방) 五合(오흡)
齊	가지런할 제 재계할 재	整齊(정제) 齊戒(재계)	行	다닐 행 항렬 항	行事(행사) 行列(항렬)
辰	별 진 남진 신	辰宿(진수) 生辰(생신)	畵	그림 화 그을 획	畵像(화상) 劃順(획순)
弔	조상 조 이를 식	弔客(조객) 弔鍾(식종)	廓	클 화 둘레 곽	廓正(화정) 胸廓(흉곽)
足	족할 족 더할 주	充足(충족) 足恭(주공)	滑	미끄러울 활 어지러울 골	滑走(활주) 滑稽(골계)
質	물을 질 폐백 지	質問(질문) 言質(언지)	罷	파할 파 피곤할 피	罷免(파면) 罷倦(피권)
帖	문서 첩 체지 체	手帖(수첩) 帖文(체문)	布	펼 포 베풀 보	布木(포목) 布施(보시)
酢	초 초 권할 작	酢酸(초산) 酒酢(주작)	向	향할 향 성 상	動向(동향) 向氏(상씨)
出	날 출 내릴 추	出入(출입) 出劍(추검)	陝	좁을 협 땅이름 합	陝小(협소) 陝川(합천)
			紅	붉은 홍 길쌈 공	紅玉(홍옥) 女紅(여홍)
			戲	희롱 희 서러울 호	戲曲(희곡) 嗚戲(오호)